広島県 謎解き散歩

●松井輝昭
池田明子 編

新人物文庫

はじめに

広島は優《やさ》しい。

空も海も川や山……いずれも鋭《するど》さや厳《きび》しさより、なめらかに穏《おだ》やかに私たちを包んでくれる。気候や人情も優しい。方向音痴の私が通りがかりの人に道を尋ねると、ほとんどの方は目的地が見える所まで作業の手をとめてまで案内して下さる。

この優しい広島が、なぜ人類初の原子爆弾の標的にされたのだろう？　まさに「広島の謎」ではないか。その謎を解く鍵は、広島平和記念資料館東館にあると髙橋衛広島大学名誉教授から教えられた。

かつて訪れたとき、私は何をしていたのか……。東館一階の奥まったコーナーで立ちすくみ、展示解説を何度も何度も読み返した。

HIROSHIMA

米国が原爆実験に成功したのは、昭和二十年（一九四五）七月十六日。終戦のわずか三週間前であった。八月六日の原爆投下は、日本の戦況が圧倒的に不利であったにもかかわらず、膨大《ぼうだい》な経費を使って開発したことを国内外に正当化するためだったともいえる。しかも効果を正確に測定出来るように直径三マイル以上の市街地のある都市を選び、その都市への空襲を禁止していた。周到な米国の準備により安《あ》芸国《きのくに》「広島」は、世界の「ヒロシマ」になったのだ。

この地名「広島」の初出は、毛利輝元《もうりてるもと》が備後の湯浅氏に「佐東広島之城普請」を命じた文書という。佐東は郡名である。

広島県において、尾道の存在はユニークである。なにしろ古代から瀬戸内海は、大陸の先進文化の通り道だった。じかに彼等との接点を持ち続けたゆえだろうか。時の権力者に心底から従うことはない。今も自らの価値観を大切にし、戦災を受けずに残っている寺院の甍《いらか》とともに、悠然と尾道水道を見下ろしているかのように感じる。

尾道の東隣の福山市は、元和五年（一六一九）に譜代《ふだい》大名の水野勝成《みずのかつなり》が備後十万石の領主として入府し、福山城を築いた。その後、水野氏から松平氏を経て阿部氏十代と続き廃藩置県に至った。ユニークなのは水野勝成が福山城や城下町を建設したときに、町に飲料水を送るために芦田川《あしだがわ》から蓮池（通称どんどん池）まで水を引き、そこから木の管や土の管などでそれぞれの家にくばる水源整備の事業を行った。その長さは約十四キロメートルにおよぶ。日本の水道の中で、一般の飲用を主とする水道としては神田上水、近江八幡水道、赤穂水道、中津水道に次ぎ、全国で五番目である。

備後国の文化水準は高く、神辺《かんなべ》の管茶山《かんちゃざん》は江戸後期に本屋の方から「詩集」の出版を持ちかける唯一の詩人だった。頼山陽《らいさんよう》が鞆《とも》に長逗留《ながとうりゅう》して「山紫水明」の四字熟語をつくったことはあまり知られていないが、安芸育ちの山陽が備後の風土に触発され完成した偉業だ。

広島、尾道、福山、鞆は、いずれも瀬戸内海に抱かれている。その海辺から離れ山林へ向うと、やわらかな曲線の山々が続く。山の麓の棚田《たなだ》に点在する藁葺《わらぶ》きの農家から、夕餉《ゆうげ》の支度の烟《けむり》がもくもくと上がっている。初めて見た人も「いつか見た風景」と思う。日本人の心象風景の一つだからに違いない。だから胸が切なくなるほど懐かしく感じるのだ。日本でスキーができる最も西の県が、広島県である。釣り好きの方には、海釣りはむろん山釣りにも魅せられる場所が多いと聞く。

真夏、真冬はそれなりに暑さ、寒さがあるが、春の訪れが早く、冬の訪れが遅い。過ごしやすい季節が長いのだ。ツアー旅行ではなく、ゆったり滞在して、広島の魅力の謎解きをなさっていただきたい。テーマは限りなく見つかる広島県である。

単著、編著を問わず関わりを持った本は、わが子のように可愛い。本書の母体である『広島県の不思議事典』には、大変なご尽力を賜ったにもかかわらず、ご芳名を記すことができなかった先生がいらっしゃる。

桝井秀雄鈴峯女子大教授は「自然編」の執筆者の選定や連絡など一切を引き受けて下さったが、ご自身の専門分野に適する項目がないからと執筆はなさらず苦労だけをしょって下さった。事情により前書には、桝井先生への謝辞を書くことができずに出版された。ずっと気に病んでいたことが、今回の文庫化へつながったのかもしれない。桝井先生、有難うございました。心から感謝申し居ります。

同時に共編著を引き受けて下さった松井輝昭県立広島大学教授には、桝井先生はじめ素晴らしい諸先生方をご紹介いただいた。松井先生のお力がなければ前書『広島県の不思議事典』は誕生できなかった。ご多忙の間を縫って、ご執筆いただいた諸先生、ことに章責任を引き受けて下さった先生方、心から感謝申し上げます。

また前書の企画を指示下さった元新人物往来社編集部・大出俊幸氏、今回の文庫化を担当して下さった同社文庫編集部・齋藤勝美氏へ御礼申し上げます。

本当にほんとうに有難うございました。

二〇一一年七月

池田明子

広島県謎解き散歩　目次

序章　広島県の県民性

第1章　歴史編

contents

contents

第2章　考古・民俗編

第3章　人物編

contents

第4章　産業編

第5章　文学編

contents

第6章　地理・自然編

コラム

序章　広島県の県民性

広島平和公園航空写真（広島県提供）

広島県の県民性

歴史って馬鹿にならないぞ

広島県の場合、昔の安芸国《あきのくに》と備後国《びんごのくに》がいっしょになってひとつの県になった。県民性といっても大まかに二つのタイプがあるようだ。明治四年（一八七一）に廃藩置県がおこなわれ、最初は東の備後国が福山県、西側の安芸国が広島県だった。その後も福山県は深津県、小田県などと名前が変わったが、明治九年、ようやく現在の広島県になった。

新しく県の行政区が広島県として一本化されても、県民の意識はそう簡単にはかわらない。つい十年前までは広島藩・福山藩として、それぞれ殿様がいて、家臣やその家族がいて、藩の行政の実権をにぎっていたのだ。

この二つの藩において、広島は浅野家、福山は阿部家が長く藩主をつとめた。浅野家は外様大名で、徳川家に滅ぼされた豊臣家の親戚。一方の阿部家は譜代大名で、幕末の藩主阿部正弘《あべまさひろ》は老中の要職もつとめた人物である。

このような藩の個性のちがいが、江戸時代を通じてそれぞれ独自の気風や文化を生み、明治を迎えて旧広島藩、旧福山藩の住民の気質のちがいとなった。明るく活発、自由奔放という広島型、これに対して規格尊重、理性的と評される福山型は今日でも生きている。

経済活動では負けず劣らずの瀬戸内人

安芸と備後の気質のちがいは先のとおりだが、気質はともかく両国とも瀬戸内海という地の利にめぐまれている。江戸時代以前から多くの船が行き交《ゆか》い、水運の拠点として広島や福山は栄えてきた。

江戸時代に入り、貨幣経済が発達すると、特産物の流通がさかんになった。なかでも塩田の開拓や製塩技術の進歩によって、瀬戸内沿岸は品質のすぐれた塩の産地となった。また内陸部では綿花の栽培がすすんだ。このような経済活動によって力をつけた安芸や備後の町々には、華やかな町人文化が花開いた。明るい海、賑《にぎ》やかな水運、豊かな海の恵み……地中海沿岸にもたとえられる瀬戸内沿岸から、似たようなラテン気質をもつ広島県人が育っても不思議はない。

なぜ広島県人は岡山県人と比べられるのをイヤがる?

福山地方を除く広島県民の平均的な気質は、陽気で明るい、開放的、ギャンブル好み、熱しやすく冷めやすいというような点が挙げられるそうだ。いっぽう岡山県人に目立つ特徴は「理論に強い、理知的でクール、金銭感覚にすぐれている、流行に流されない」となる。これは備後地方の広島県人にも共通する特徴だ。気質的に合いそうにない。イヤがるわけだ。

短所も長所も人間らしい愛すべきキャラ

それにしても、広島県民の特徴には一見するとマイナスイメージを感じさせるものもある。しかし、たとえば、ラテン気質とは本来、人間らしさを重くみて、人間の尊厳をキープしようとする生き様の産物だ。

唐突だが、広島県には浄土真宗の信仰が強く根づいている。この宗派の創始者は親鸞《しんらん》だが、説くところは「南無阿弥陀仏」ととなえるだけで、どんな悪人でも救済されるというものだ。

広島県人の自由で開放的な行動を、親鸞の訓《おし》えを楯《たて》にするご都合主義という非難もある。だが、短所は裏返せば長所にもなる。広島県民は快活で、情熱的で、行動力があり、決断が早いのだ。男なら、スポーツ選手によし、上司にしても頼もしい。

（小島敬子）

広島県のグルメ

広島は西の安芸地方、東の備後地方ともに温暖な瀬戸内の気候と豊かな海の幸にめぐまれている。また北部山間地方は野菜・果実類はじめ、山間地ならではの古くから伝わる伝統料理が多い。このような代表的な食材や料理を味わう「散歩」にでてみよう。

まず安芸の味覚であげたいのが広島の「カキ」。たっぷりと肉厚で味は濃厚、酢がきによし、土手鍋・フライ・かき飯にしても美味。瀬戸内名産「あなご」も海の幸、脂ののりは夏が最高で、しっかりと出汁のきいたあなご飯はクセになる。海にめぐまれているのに魚はどうしたとおっしゃる人には、瀬戸の小魚料理がおすすめ。イワシ・メバル・カレイなどを焼く、煮る、揚げる、刺身にする……小魚とは料理によって持ち味も七色に化ける。

忘れてならないのが「広島お好み焼き」だ。正統派広島ブランドは水溶《みずと》き

かき料理（広島県提供）

尾道ラーメン（広島県提供）

小麦粉の生地にキャベツなどの野菜、豚バラ肉、卵、めん類などを配するシンプルさが基本。それでも店によって微妙に味がちがう。「広島に来たら、この店が一押し」と好みも多様だ。有名度ではお好み焼きにひけをとらないのが銘菓「もみじ饅頭」。こちらも最近味がいろいろとそろっている。

安芸の北部（芸北《げいほく》）方面では「餅御前《もちごぜん》」。餅のしゃぶしゃぶ、餅入り茶碗むしなど餅のコース料理だ。トチの実から昔ながらの手法でつくる「とち餅」も珍味だ。お土産に喜ばれるのが「祇園坊柿《ぎおんぼがき》」。種が小さく果肉が厚く、柿の王者というにふさわしい。

備後路を歩けば「尾道ラーメン」だ。あっさり味でコクがある。名物「タコ料理」もいける。府中市では「府中焼」。安芸への対抗心か、れっきとした「お好み焼き」だが、ミンチ肉を使用している。福山では老舗の銘菓虎焼「とんど饅頭」も味わっておこう。

県の北部（備北《びほく》）には「高野りんご」があり、また絶対おすすめは「ピオーネ」。巨峰とマスカットを交配した最高級のぶどうだ。

（小島敬子）

広島県の名産品・特産品

■**広島菜**《ひろしまな》　戦後、焦土《しょうど》と化した広島の土の中から、いち早く芽吹いてきた野菜……それが広島菜であると聞いたことがある。あるいは、ドラマの中で聞いた台詞《せりふ》かもしれない。生命力の強い野菜と今日まで思いこんでいたが、さほどではないようだ。味はよい。1株あたり2〜3キログラムある。九州の高菜《たかな》、信州の野沢菜《のざわな》と並んで三大漬物菜とよばれている。品種的には白菜の一種で、江戸時代に京都から運ばれ、広島で栽培されはじめたという。

■**もみじ饅頭**　宮島の名物というより、広島を代表する銘菓として全国に知られている。明治三十九年（一九〇六）、宮島の菓子職人高津常助《たかつつねすけ》が宮島に多い紅葉の葉を形どり、こし餡《あん》をつつんだのが始まりである。もみじ饅頭の誕生秘話として伊藤博文の提案というエピソードがあるが、真偽のほどはわ

広島菜

化粧筆（広島県提供）

からない。もみじ饅頭は明治四十三年に商標登録されているが、二十年の権利期間がきれるとき、常助は更新手続きをしなかった。その後多くの同業者が生まれ、もみじ饅頭をつくりはじめた。当初はこし餡だけだったが、昭和になるとつぶ餡が生まれ、今日ではチョコレートやイモの餡もある。販売も宮島だけでなく、広島市内のデパート、駅売店などでも広く売られるようになっている。

■熊野筆

安芸郡熊野町《あきぐんくまのちょう》で生産されている。熊野筆は大きく四つの種類に分けられる。書道筆、絵を描くのに用いる画筆、化粧用に使う化粧筆、記念品としての誕生筆である。製造にたずさわる技術者は約一五〇〇名、この中で経済産業大臣が認可する伝統工芸士は一九名（平成二十年調べ）。伝統を重んじた技術は、書家や画家のあいだで高く評価されている。

近年世界的に注目されているのが化粧筆の分野だ。世界トップクラスのメイクアップアーティストたちが、堅牢さ、使い勝手のよさを認め、口コミによりユーザーの輪がひろがっているという。

（小島敬子）

広島県のプロスポーツ

広島県のプロスポーツは「広島カープ」からはじまる。昭和二十四年（一九四九）、セントラルリーグに加盟、チーム名は市内の太田川に多い鯉や広島城の別名「鯉城」からとった。タイガース、ジャイアンツ、ドラゴンスなど猛々《たけだけ》しい名がそろうなかで鯉では可愛すぎるという声もあったが、現実はそのとおりに展開し、低迷がつづいた。

「広島のファンは熱い」といわれた。勝っても負けても熱くなった。昭和四十一年には内野席から投げ込まれたウイスキーの瓶で審判が怪我をし、一時内野の応援席が閉鎖されるという事件もおこった。

「カープ、しっかりしろ！」と檄をとばして応援する人は広島在住者だけではなかった。随筆家の佐々木久子は、たまりかねて「カープを優勝させる会」をたちあげる。新藤兼人、藤原弘達、杉村春子、森下洋子などの著名人

広島カープの応援席

サンフレッチェ広島の応援席

が多数参加してエールをおくった。

こうした熱烈なファンにささえられて昭和五十年、念願のリーグ優勝をはたした。赤いヘルメットの採用もこの時期だ。「赤ヘル軍団」とよばれた。古葉竹識監督のもと、山本浩二、衣笠祥雄が打ち、江夏豊、津田恒美、大野豊、北別府学らが投げた全盛期がつづく。とくに昭和五十四年、近鉄バッファローズとの日本シリーズは球史にのこる「江夏の21球」で幕を閉じ、日本一を飾った。

広島に本拠をおくプロスポーツにサッカーJリーグ所属のサンフレッチェ広島がある。クラブ名の由来は毛利元就の有名な「三本の矢」の故事にちなむイタリア語。クラブ発足以来、J2リーグへの転落を2度も経験、Bクラスを低迷している。今年からアウェイ用のユニホームが厳島神社の鳥居の色「朱」に変わった。火の色だ。燃えてほしい。

広島にはほかにバレーボール「Vプレミアリーグ」に所属するJTサンダース、女子ハンドボールチーム「広島メイプルレッズ」がある。（小島敬子）

広島弁とはどんな方言？

広島弁は、県西部の旧安芸国の安芸方言（＝広島弁）と、県東部の旧備後国の備後方言（＝備後弁）に大きく分かれる。広島弁は、西日本方言のうち中国方言に属し、語法的に山口弁や北隣の石見弁と近く、西部中国方言に分類される。一方備後弁は、岡山弁と同じ東山陽方言に分類されている。

映画やドラマで交わされる広島弁（＝安芸方言）を探してみよう。

あずる➡手こずる、苦労する。　いなげな➡変な、おかしな。
いにんちゃい➡帰りなさい。　いのうかのう➡帰ろうかな。
いびせえ➡恐ろしい。　えっと➡たくさん。
おいい➡多い。（発音、意味が似ているので標準語と思われやすい）

おおもんタレ⬇大ぼら吹き。

がんぼう・がんぼたれ⬇腕白坊主、暴れん坊。

かばちゅうたれる⬇生意気なことを言う。

かもう⬇触る。

ぐすーない⬇楽でない。

ぐべんしゃ⬇お金持ち。

こまい⬇小さい。

ささらもさら⬇無茶苦茶。

さいたら⬇よけいなこと。

さえりゃーせん⬇つまらない、価値がない。

じゃっかぁしい⬇うるさい。やかましい。

しこぎり⬇思いっきり。

しわい⬇疲れる。

たいぎい⬇面倒くさい。

たちまち⬇とりあえず。（標準語の「短時間」と間違われやすい）

出べそ⬇出たがり。

なんなん？⬇何なの？

にがる⬇痛む。

ねき⬇近く。

ぬくい⬇あたたかい。

ねぶる⬇（舌で）なめる。

のふーぞう➡だらしない。　　　　　　のーなる➡（物などが）無くなる。
びしゃげる➡たたく。　　　　　　　　へちゃげる➡つぶれる。
へつれる➡すり減る。
ほんじゃーね➡それでは、さようなら。
ももぐる➡いじくりまわす。　　　　　やねこい➡だるい、しんどい。
よまつ➡つまらないこと、ちょっとしたいたずら。
わらー・わりゃー➡おまえ。　　　　　わや➡めちゃめちゃ。
わし➡私、自分。

（小島敬子）

第 1 章　歴史編

広島城天守（広島県提供）

遣唐使船が安芸国で造られた理由とは？

古代の日本では、進んだ政治の仕組みや文化を導入し、中国を中心とした東アジアの中での国際的地位を確立するため、公式の使節団＝遣唐使《けんとうし》が派遣された。二〇回計画され、一六回実施された。

当初は、一二〇人乗りの船二隻で朝鮮半島の沿岸をたどる北路が採《と》られたが、新羅《しらぎ》との関係が悪化した八世紀以降は一五〇人乗り四隻で東シナ海を横断する危険な南路が採られた。

往来に用いられた遣唐使船は、天平四年（七三二）に近江《おうみ》・丹波《たんば》・播磨《はりま》・備中《びっちゅう》に建造が命じられている（『続日本紀《しょくにほんぎ》』）が、近江や丹波は海に面していないから、これらの国には建造費の負担を命じたものと考えられる。これに対して、天平十八年から宝亀九年（七七八）の間五回命じられた安芸国《あきのくに》では、

復元された遣唐使船（長門の造船歴史館提供）

長門の造船歴史館　住所／呉市倉橋町171－7　交通／JR呉駅よりバスで「桂ヶ浜」下車

倉橋火山からの眺望

実際に建造したものとみられている。

というのも、安芸国では白雉元年（六五〇）にも渡来系の氏族らが遣《つか》わされて百済船《くだらのふね》二隻の造船が命じられており（『日本書紀』）、これが単なる建造費の負担ではなく、白雉四年の第二回遣唐使のための造船であったことがほぼ確実で、その実績のもと命じられたとみられるからである。

造船地に安芸国が選ばれた理由は、造船に適した材木の産地であり、海に面しているため、伐採→製材→造船→難波《なにわ》への廻送という工程に無駄が少ないことが挙げられる。

『日本書紀』にも、推古天皇の時代に安芸国に造船を命じた記事がある。派遣された河辺臣《かわべのおみ》が好材を見つけ、それが「雷の木」だったにもかかわらず、天皇の命によって雷神を強引に圧伏させ、その木を獲得し、船を完成させたとされている。

また、造船用材を育成・伐採させるための「船木郷《ふなき》」が三カ所も置かれているのは安芸国以外に例がない。十一世紀初頭成立の『新猿楽記《しんさるがくき》』にも、良材を示す「榑《くれ》」が安芸の特産品として紹介されている。

安芸のどこで造船されたかについては、完成後の進水が難しい広島湾・呉湾ではなく、潮の流れが速く発達した砂丘のある倉橋島《くらはしじま》（呉市）などで造られた可能性が高いとされている。

（増田　実）

なぜ中世の東国武士は安芸と備後に移住したの？

中世の安芸《あき》・備後《びんご》には、毛利《もうり》・吉川《きつかわ》・小早川《こばやかわ》・熊谷《くまがい》・平賀《ひらが》・山内首藤《やまのうちすどう》の各氏をはじめとする武士の家の中世文書が伝えられているが、これは全国的に見ても質・量ともに有数のものである。それらの中世文書を伝える武士のほとんどは、東国に名字の地を持つ一族が移住してきたものである。

それでは、彼らが安芸・備後に移住してきたのは、いったい、いつごろで、何をきっかけとしていたのであろうか。

多くの東国武士が西国である安芸・備後などに所領を持つことになったきっかけは、承久《じようきゆう》三年（一二二一）の承久の乱である。吉川氏・熊谷氏など、その時の幕府方としての勲功により、新補地頭《しんぽじとう》（新たに補任《ぶにん》＝任命された地頭）に任じられた者が多い。また、小早川氏のように源平の争乱の勲功により地頭職《じとうしき》を獲得した者もいる。しかし、地頭職を得たからといってすぐ現地に常駐して支配をしたのではなく、代官を派遣したりしていたようである。

小早川氏や、（承久の乱後に佐伯《さえき》氏に代わって厳島神社の神主となった）藤原氏は、在京人《ざいきようにん》（原則として京都に常駐し、都の警固《けいご》や訴訟を担当する地頭御家人《ごけにん》）としての活動が見られ、鎌倉末期の毛利氏も六波羅《ろくはら》評定衆《ひようじようしゆう》の時親《ときちか》は在京し、そのほかの一族は越後国《えちごのくに》に在国するなど安芸国とのつながりは希薄であった。彼らの安芸国での活動が始まるのは、現地での実力が生き残りの鍵《かぎ》として以前にもまして重要になる、南北朝動乱前後からである。

南北朝動乱以前の重要な西国移住の契機は、蒙古襲来である。

文永十一年（一二七四）の文永の役にあたっては、守護武田氏が安芸への下向《げこう》と国中地頭御家人などを動員しての防御を命じられ、弘安四年（一二八一）の弘安の役にあたり児玉《こだま》氏が子息の安芸国所領へ下向して元軍の瀬戸内海侵入に備えることを命じられるなど、たび重なる西国所領への下向命令をきっかけに、東国武士の本格的な移住が始まったのである。

（増田　実）

平清盛はなぜ厳島神社を信仰したのか

平清盛《たいらのきよもり》は、山陽・西海の海賊制圧により、瀬戸内海周辺に影響力を持ち始めた。厳島《いつくしま》との関係は久安二年（一一四六）、安芸守《あきのかみ》に叙任されてからである。

『平家物語』には、高野山根本大堂落慶に際しての「夢のお告げ」が厳島神社の造営の契機とされているが、この根本大堂は父忠盛《ただもり》の遺志を継いだもので、保元元年（一一五六）に落慶し、この年まで清盛は安芸守であった。

同年の保元の乱、また平治の乱（一一五九年）を経て平家の棟梁《とうりょう》として後《ご》白河《しらかわ》法皇の信任を得、翌永暦元年には正三位・大宰大弐《だざいだいに》になり、八月に初めての厳島神社参詣をしている。

その後、五泊の一つ大輪田泊《おおわだのとまり》を修築し、日宋貿易を展開しながら長寛二年

宮島の厳島神社（広島県提供）

（一一六四）、平家一門によって書写された「平家納経《へいけのうきょう》」を奉納、仁安二年（一一六七）、太政大臣《だいじょうだいじん》になった直後にも社参をするなど、厳島神社への信仰を深めていった。

翌仁安三年には、厳島神社神主佐伯景《さえきかげ》弘《ひろ》によって国司重任による社殿修造が太政大臣に申請され、認められた。この申請文には、内宮として本殿を始めとする社殿二七棟・鳥居四基・回廊一一三間、外宮一九棟・鳥居一基が修築されたとあり、当時の厳島神社の規模がわかる。

これらの社殿を清盛が直接造営を行ったと記したものはないが、その後の後

厳島神社　住所／廿日市市宮島町１－１　交通／JR 宮島駅・広島電鉄宮島線広電宮島駅より連絡船、下船後徒歩約 10 分

白河法皇を始めとする貴族たちや平氏一族のたび重なる社参を見ると、清盛の熱心な信仰と政治的影響力が厳島神社造営を実現させたと考えられている。

平氏一族は、天皇家の系譜を引くとはいえ、藤原氏の興福寺・春日社、源氏の八幡社のような一族の精神的結合を象徴する氏寺・氏神がなく、有力な寺社と連携した勢力基盤を持っていなかった。

だからこそ、南都北嶺《なんとほくれい》（奈良興福寺と比叡山延暦寺）に対して果敢に対応することができたが、摂関家や有力寺社勢力が拮抗《きっこう》する最中、清盛は最大の理解者・後白河法皇の信任を得ているとはいうものの、一族の消長には不安を感じていた。

大陸交易の重要航路・瀬戸内海に位置する厳島神社は、清盛にとって平氏一門の氏神となっていたのである。

（岡崎　環）

なぜ安芸国は源平合戦の主戦場にならなかったの？

武家の棟梁《とうりよう》として初めて太政大臣《だいじようだいじん》となった平清盛《たいらのきよもり》は、厳島《いつくしま》神社への信仰もあつく、音戸《おんど》の瀬戸を切り開くにあたって太陽を扇であおいで日没を遅らせたという伝説も残るように、平氏と安芸国《あきのくに》とは深いつながりを持っていた。

しかし、治承五年（一一八一）の清盛死後、瀬戸内海を西に都落ちした平家一門と源氏の主な合戦は、元暦元年（一一八四）二月の「一ノ谷《いちのたに》の戦い」、元暦二年（一一八五）二月の「屋島《やしま》の戦い」、文治元年（一一八五）三月の「壇ノ浦《だんのうら》の戦い」と、安芸国で源平主力同士の衝突が『平家物語』などに出てこない。なぜだろうか。

背景にあるのは、安芸国における佐伯景弘《さえきかげひろ》と葉山城頼宗《はやまじようよりむね》を中心とした政治情勢である。

佐伯景弘は厳島神社の神主だったが、同時に平清盛に家人のごとく仕え、平氏の力を背景に力を伸ばした人物で、「平」姓を称したこともある。もともと単に地方の一神社の神主に過ぎない佐伯景弘が安芸国の最有力者となり、

音戸の瀬戸開削800年を記念して昭和42年（1967）に建てられた「平清盛日招き像」（呉市提供）

平清盛日招き像（音戸の瀬戸公園内）　住所／呉市警固屋8丁目　交通／JR呉駅よりバスで「音戸大橋」下車

かなり強引なこともできるようになるのは、彼の後《うし》ろ盾《だて》となっている平氏政権が軍事的色彩を強めた治承三年（一一七九）ごろからのことである。

それ以前の段階で安芸国衙《こくが》での最有力者だったのが源姓を称していた葉山城頼宗である。葉山城氏は、安芸国最大の在庁別名《ざいちょうべちみょう》（国衙の役人＝在庁官人《ざいちょうかんにん》に対して、郡という正規のルートを経由せずに国衙に直接納税することが認められた名）である久武名《ひさたけみょう》の名主《みょうしゅ》であると推測されている。鎌倉時代以降の守護支配も、葉山城氏のような国衙在庁の指導者の持つ権限・権益を継承して初めて可能であった。

平氏の力を背景に高圧的になる佐伯景弘に複雑な思いを持っていたらしい頼宗は、平氏方から源氏方へ転じることになる。こうした頼宗と景弘との関係の中、安芸国の勢力が一丸となって源氏と対決することはなかったのである。

（増田　実）

中世の民衆はお化粧を楽しんだ？

『草戸千軒《くさどせんげん》』（福山市）は江戸時代中期に編集された地誌『備陽六郡志《びようろくぐんし》』に伝説の町として登場するが、その実態は長らく明らかではなかった。

ところが、昭和三年（一九二八）から実施された福山市内を流れる芦田川《あしだがわ》の改修工事によって、現在の明王院の前面にその跡が埋まっていることが知られるようになった。

さらに、昭和三十六年（一九六一）からは三十年以上にわたる発掘調査が実施され、鎌倉時代中ごろに成立し、戦国時代初期まで存続した町の姿が明らかになったのである。遺跡からは数十万点を超える資料が出土しており、文字による記録のみでは明らかにしがたかった中世民衆の生活の実態が示されることになった。

出土資料の中には、身を装うためのさまざまな化粧道具も含まれている。たとえば、遺跡中心部近くの井戸の底からは、鉄漿《かね》皿（お歯黒を入れる皿）と紅皿が重なった状態で出土している。

鉄漿皿は青銅製の鋳造品で、五弁の花形に形づくられている。内面にはお歯黒と思われる黒色の付着物が残っていた。

また、紅皿は中国製の小型の青磁碗で、二つに割れたものが漆《うるし》によって補修されている。漆部分にわずかに紅が付着していたことによって、紅皿として使用されたものであることが確認できた。この他に、青銅鏡・毛抜き・櫛《くし》・笄《こうがい》・白粉《おしろい》を入れたと思われる中国製白磁の合子《ごうす》といった化粧道具も出土している。

これらの資料により、瀬戸内海に面した地方の町である草戸千軒においても、お歯黒や紅によって身を装う風習が普及していたことが明らかになったのである。

（鈴木康之）

広島県立歴史博物館（草土千軒町遺跡の復元展示）　住所／福山市西町２－４－１　交通／JR福山駅下車、徒歩５分

中世の民衆はお香を楽しんだ?

福山市の草戸千軒《くさどせんげん》の町の南部には、戦国時代に入った十五世紀終わりごろになると、一辺が一〇〇メートルにおよぶ堀に囲まれた方形の館が出現する。その規模から考えて、領主クラスの人物の館だったと考えられる。この館内の石組井戸の中から、平成元年（一九八九）、長さ四センチ、幅二センチほどの小さな木札が一四点まとまって出土した。

これらの札には墨で文字が書かれており、「一」「二」「三」「ウ」と書かれた将棋の駒の形をしたものと、「すま」「あふひ」「はゝきゝ」「わかな」などと書かれた方形のものとがあった。

前者は、これまでにも同遺跡で出土例のあるもので、「一」「二」「三」「ウ（ウは客の略字）」という四種類のお茶の種類を飲み当てる、闘茶《とうちゃ》という遊戯に使われた札かと思われた。しかし、後者は、それまでに出土例のないもの

聞香札「わかな」「あふひ」（広島県立歴史博物館所蔵）

であり、一四点の木札の用途は明らかでなかった。

しかし、これらの分析を担当していた下津間康夫《しもづまやすお》は、ある日、後者の札に記された文字が「須《す》磨《ま》」「葵《あおい》」「帚木《ははきぎ》」「若菜」という『源氏物語』の巻名を示すものであることに気づいた。源氏物語に関連して思い起こされるのは、聞香《もんこう》という遊戯の一つに、源氏香《げんじこう》と呼ばれる方法が存在することであった。

聞香とは、闘茶と同じく何種類かの香を聞き分ける遊戯であ

草土千軒町遺跡　住所／福山市草土町１　交通／JR 福山駅よりバスで「草戸上ノ丁」下車、徒歩 10 分

る。源氏香では、参加者が五種類の香を順に聞き、その異同を判別する。例えば、五つが全部異なる場合は「帚木」、四・五番目が同じで、一・二・三番目がいずれも異なる場合は「葵」というように、その組み合わせによって『源氏物語』の巻名を付ける。

また、同じ井戸からは古瀬戸の香炉の破片も出土しており、これら一連の木札が聞香に関係するものと考えられるようになったのである。ただ、草戸千軒町遺跡で出土した『源氏物語』の巻名を書いた札の裏には「一」「二」という文字も確認できることから、単純に源氏香に使われた札とも判断できなかった。

源氏香が行われた最も古い記録は十六世紀初頭のものであるが、その方法は明らかでなく、現代に伝わる様式が確立したのは江戸時代初期の寛永年間（一六二四～四四）のことだといわれている。おそらく、中世の段階の聞香は、闘茶と同様に四種類の香を組み合わせて聞く十種香という方法が主流だったと考えられる。

　したがって、石組井戸から出土した一四点の木札も、十種香を基本とする聞香に使われた可能性が高い。「一」「二」という文字の存在も、そのことを示すものだろう。そして、十種香の中から『源氏物語』の巻名を用いる遊び方が芽生え、それがやがて、近世の源氏香へとつながっていくものと考えられるようになったのである。

　遺跡から出土した小さな木札は、他の記録からはたどることのできなかった聞香の変遷過程を明らかにすることになったのである。また、『源氏物語』の巻名を遊びに使うためには、『源氏物語』に対する最低限の理解が不可欠である。こうした知的な遊戯を楽しむための教養が、戦国時代初頭の地方の町におよんでいた実態も示しているのである。

（鈴木康之）

木簡が語る中世の金融事情とは?

草戸《くさど》千軒町《せんげんちょう》遺跡からは約一千点におよぶ木簡《もつかん》、すなわち墨で文字などが記された木の札が出土している。その多くは、商品取引や金銭の貸付についての覚え書きと考えられるものである。

これらの発掘された資料により、この町に商業や金融業に従事する人々が

金融取引を記した木簡／左、三斗六升五合　右、百七十八かし（広島県立歴史博物館所蔵）

復元された中世草戸千軒町の町並み（広島県立歴史博物館所蔵）

存在したことが明らかとなり、地域経済の拠点としての町の役割が浮かび上がってきた。

木簡に記されたメモは、前頁の写真のように「百七十八かし　三斗六升五合」といった断片的な内容のものがほとんどである。何らかの品物三斗六升五合の代価として一七八文を貸し付けたことまでは推測できるものの、具体的な品物や貸付の相手まではわからない。

商業・金融業に従事する者にとって、取引した商品の量や金額、あるいは貸し付けた銭の額・利子・返済期日などを計算・記録することは、自らの生活を支える事業を展開していくうえで不可欠な技術である。このような断片的なメモだけで、事業が運営できたとは思えない。当然、何らかの帳簿類が存在していたと考えるべきだろう。

現在に伝わる中世の帳簿、例えば兵庫津（現神戸市）の北関における徴税台帳として有名な『兵庫北関入船納帳《ひょうごきたぜきいりふねのうちょう》』をみると、その簡潔で合理的な記録方法に感心させられる。

中世にはすでに「為替《かわせ》」のような有価証券がかなり普及しており、そこからは商人たちの広範なネットワークが整備されていたことが推定できる。そうしたネットワークの存在を前提にすれば、各地の金融業者たちも『入船納帳』のような帳簿を作成し、商品や金銭の取引を行っていたと考えられるのである。

草戸千軒を拠点に活動した人々が帳簿を付けていたとすれば、出土した木簡のメモとはどのような関係にあったのだろうか。

おそらく、木簡は現在のレシートや伝票のような一時的な覚えとして作成されたと思われる。木簡の表面には小刀で削《けず》り取った跡が残っており、何度も削って再利用されていたことが確認できる。また、大量の削り屑《くず》が廃棄された跡も見つかっている。

木簡に記されたメモの内容は、取引の全体像を把握するための帳簿にまとめられ、処理が終わって不用になったのちは記載事項が一気に削り取られ、あるものは再利用に備えられ、あるものは廃棄されたのであろう。当時の人々が大切に保管していたはずの帳簿の行方はわからないが、不用となって廃棄した木簡だけが、現代にまで伝わることになったのである。

（鈴木康之）

親鸞のひ孫の存覚と山南光照寺の奇しき関係とは？

安芸・備後両国のなかで最も早く浄土真宗が伝わったのは、海岸部の港ではなく、それから山越えをした沼隈郡山南《ぬまくまぐんさんな》（現福山市）の地であった。

山南光照寺《さんなこうしょうじ》は、この地の浄土真宗教団の中心寺院であり、その開基は鎌倉の甘縄《あまなわ》に最宝寺を開いた了円《りょうえん》（明光《めいこう》）の孫弟子慶円《きょうえん》（良誓）と伝えられる。山南光照寺を中心とする浄土真宗教団は、先師明光の名前にちなんで明光派とよばれた。同寺に伝わる師資相承《ししそうしょう》を示す絵系図などによれば、明光派は遅くとも鎌倉時代の末期に伝わったと考えられる。

明光派が沼隈郡山南の地に伝わったのは、当時の地頭《じとう》であった比留《ひる》氏との関係を除いては考えられない。山南光照寺を開いた慶円の師匠了覚《りょうかく》の兄弟弟子に、仏光寺を開いた了源《りょうげん》がいる。了源は、山南荘の地頭比留維広《これひろ》の「中間」であったことが知られる。また、了源は師明光の教えを受けた弟子たち、彼らが率いる門徒たちが、一味和合《いちみわごう》すべきものと考えていた。したがって、このことからも慶円が沼隈郡山南の地に進出できたのは、了源の口添えによって当荘の地頭比留氏の支援を受けることができたためと推測される。

ところで、了源は元応二年（一三二〇）に鎌倉から上洛し、親鸞のひ孫にあたる存覚《ぞんかく》から教学の指導を受けることになった。そして、存覚が、この翌年に父覚如《かくにょ》から感動されたのを機に、彼の生活を支える了源との関係はさらに深まっていった。また、了源と親しい関係にある沼隈郡山南の明光派の人々も、存覚から教学についていろいろ指導を受けたことが知られる。たとえば、山南光照寺所蔵の絵系図の序題は、存覚の手になるものとされる。明光派も、この絵系図や名帳《みょうちょう》を大いに利用したと考えられる。

存覚は暦応三年（一三四〇）に備後守護所で日蓮宗と対論し、これに勝利して当地の明光派の布教を助け、さらに、山南光照寺の二世明尊に『選択註解鈔』を書き与えている。

（松井輝昭）

光照寺　住所／福山市沼隈町大字中山南557　交通／JR福山駅からバスで「山南農協前」下車、徒歩3分

#「一遍上人絵伝」にある厳島神社の社殿は本物か？

厳島《いつくしま》神社を描いたもっとも古い絵画が、「一遍上人絵伝《いっぺんしょうにんえでん》」である。時宗の開祖一遍（一二三九～八九）は、念仏札を配りながら全国各地を歩き、厳島には弘安元年（一二七八）と同十年（一二八七）の二度詣《もう》でている。

一遍が社殿前に座り、海上の舞台で四人の伎女《ぎじょ》の舞いを見ているこの絵は、二度目の参詣の様子を描いたものであるが、回廊で囲まれている舞台、袖柱のない海上の大鳥居など、現在の社殿の配置とは大きく異なっている。

厳島神社の社殿は、平安末期の仁安三年（一一六八）の造営により、回廊一一三間の大規模な海上社殿ができたとされている。平氏一門の参詣では、臨時に回廊二〇間を設けて供養法会を行っているなど、折々、参詣に当たっては仮設の建物を増設していたと考えられている。

「一遍上人絵伝」厳島神社の大鳥居と社殿（清浄光寺所蔵）

その後、二度炎上し、建保三年（一二一五）と仁治二年（一二四一）にそれぞれ再建されており、この絵に見える社殿は、仁治の再建後の姿である。仁治の再建では、回廊は一八〇間、平舞台一二〇間とあり、現状（回廊一〇七間）をはるかにしのぐ壮大な社殿であったと想像される。

治承元年（一一七七）の平清盛《たいらのきよもり》らの参詣した様子は『伊都岐島社千僧供養日記』に、「臨時の祭り」「万灯会」「行道」「一切経会」などが催《もよお》されたと記され、いずれも社殿・回廊および周辺で行われ、その中心は祭神の鎮座する本社の舞台

厳島神社　43ページ参照

であった。

この絵は、一遍のために催された臨時の祭りを描いたもので、中心は本社前の伎女の舞う舞台であり、取り囲むように回廊や社殿が描かれているが、当然、周囲にも回廊や殿舎が連なっていたと考えられる。

現在の厳島神社の原形は、元亀二年（一五七一）の再建復興によってできたものである。天文十年（一五四一）の紅葉谷川《もみじだにがわ》の洪水と土石流により被害を受けた各社殿の修復と再興、また神社南側を流れる河川の堤防築造、天神社など新たな建物の寄進などが行われた。

（岡崎　環）

十五代将軍足利義昭が開いた「鞆幕府」って何？

足利義昭《あしかがよしあき》は、三好《みよし》三人衆らが義昭の兄である十三代将軍義輝《よしてる》を殺害し、従兄弟にあたる義栄《よしひで》を十四代将軍に担いだのに対して、自ら将軍になろうとした。そのために各地の有力な大名に協力を求め、織田信長《おだのぶなが》に奉じられて永禄十一年（一五六八）室町幕府十五代将軍の就任を果たした。

しかし、信長が幕府の実権を義昭から奪って両者は対立するようになり、元亀四年（天正元年、一五七三）、義昭は信長によって京を追われる。一般には、これをもって室町幕府が滅亡したとされているが、義昭自身は京を追われても現職の将軍としてふるまい続けた。

京から河内《かわち》、さらに紀伊《きい》へ移った義昭は、石山本願寺と手を結んだのをはじめとして、武田氏・上杉氏・後北条氏と軍事同盟を結ぼうと努め、信長包

鞆城跡（現鞆の浦歴史民俗資料館）から望む鞆港

囲網を強化しようとした。しかし、天正三年、信長の勢力が拡大、義昭をめぐる戦局が悪化する中でクローズアップされてきたのが、大友《おおとも》氏による包囲網を崩壊させ、中国地方における勢力を一挙に強めていた毛利輝元《もうりてるもと》の存在である。

　翌天正四年の初頭、大人数を引き連れて鞆浦《とものうら》（現福山市）にこつぜんと姿を現した義昭は、鞆に居を移して毛利氏権力と一体化して政治力をふるうようになる。

　引き連れて来た奉行衆《ぶぎょうしゅう》が義昭の意を奉じて発給する奉行人奉書《ぶぎょうにんほうしょ》や直状《じきじょう》形式の御内書《ごないしょ》などを駆使して、全国の大名・

福山市鞆の浦歴史民俗資料館（鞆城跡）　住所／福山市鞆町後地536－1　交通／JR福山駅よりバスで「鞆の浦」下車、徒歩5分領主や有力な寺社勢力に宛《あ》て、自らの意を伝える文書を大量に発給している。

そこでは、敵対する大名同士の間を仲介して和睦《わぼく》させ、信長包囲網の一翼となるようにしたり、有力寺院の僧の人事についても「公帖《こうちょう》」と呼ばれる任命書を出したりしている。これは「公帖」を得るための認可料が義昭の収入となるとともに、当時の東アジア外交において重要な役割を果たしていた僧をつかむことで、対明《みん》（中国）・対朝鮮貿易を行っていた毛利氏や、琉球《りゅうきゅう》貿易に関わっていた島津《しまづ》氏など西国大名との良好な関係を築くのにも利があった。

また、義昭は毛利氏の重臣を「御供衆《おともしゅう》」という上級幕臣に任命したり、毛利輝元を副将軍としたという。室町幕府の身分秩序の中で厚遇することで、毛利権力から経済的支援を引き出し、対信長「公儀軍」の中核としての役割を期待したのであろう。そうした中、毛利氏は信長と戦う石山本願寺への支援、すなわち信長との手切れを決意するのである。

（増田　実）

戦国の合戦に用いられたマジナイの画像とは？

毛利元就《もうりもとなり》は息子の隆元《たかもと》らに宛《あ》てた自筆書状の中で、家中の人々であれ、安芸《あき》・備後《びんご》の国衆であれ、「心底」を知ることが大事であると教えた。つまり、相手が誰であれ、心の底まで見通すことが必要であり、そのうえで、「知略」「謀略」を駆使するならば合戦にも勝利できるというのである。

しかし、毛利元就もまた仏神をあつく敬っており、このような合理的な判断でのみ合戦に臨んだと考えるのは間違いであろう。やはり合戦の日取りを決めることを初めとして、マジナイに頼ることが少なくなかったといえよう。山県《やまがた》郡北広島町《きたひろしまちょう》千代田《ちよだ》の壬生神社宮司井上氏に伝わる「八卦」の書の中には、毛利氏の氏神である吉田祇園社で天文五年（一五三六）閏十月十六日に書写されたものもある。

なお、「八卦《はっけ》」は、それぞれの卦の「雲気」を観察することに通じる。合戦に勝利するためには自軍の雲気を正しく読み取り、それをもとに的確に判断し、すばやく行動することが重要であると考えられていた。戦陣で雲気を読み取る指針となったのが、「軍気書」と呼ばれるものであった。壬生神社宮司井上氏には、さきの「八卦」の書だけでなく、元亀二年（一五七一）と慶長元年（一五九六）に写された二冊の軍気書が伝わっている。

いずれの軍気書にも大半の項目に絵が一枚ずつ挿入され、しかも、その絵に雲気についての具体的な説明文がついている。「たとえば城にても陣にても、旗竿を立てるがごとくなる細き気の立つことあるべし。必ず城を取り除くべし」というような説明文である。これは戦場において絵と説明文を合わせ用いるならば、素人でも雲気を正しく把握できるようにという配慮であろう。

これらの軍気書では雲気を知る手段として、煙や雲の動きが多く用いられており、その数は八〇項目近くにもなる。

（松井輝昭）

毛利元就が厳島神社の宝蔵にいだく思いとは？

厳島神社《いつくしま》には御手洗川《みたらいがわ》をはさんで宝物収蔵庫の対岸に校倉造《あぜくら》りの建物がある。この校倉造りの建物のことをかつて宝蔵《ほうぞう》と呼んでいた。宝蔵というのは厳島大明神に寄進された神物の保管庫のことである。国宝となっている「平家納経」をはじめとする数多くの珍宝の類が、昭和四十年（一九六五）に厳島神社収蔵庫ができるまで、この中で厳重に管理されていた。

毛利元就《もうりもとなり》は天文二十四年（一五五五）九月末日の厳島合戦の勝利を機に、厳島大明神への崇敬の念をますます強めた。そして、隆元《たかもと》・元春《もとはる》・隆景《たかかげ》の三人の息子に対しても、みな厳島大明神を信仰することが肝要であると教えた。毛利元就は厳島大明神の神物保管庫である、宝蔵に対しても特別の思いをいだくようになったようである。

たとえば、息子隆元に宛《あ》てた自筆書状の中で、厳島大明神に何を寄進しても惜しいことはない、寄進した宝物を「宝蔵」に籠《こ》め置いてほしいと述べている。また、祈念のため厳島大明神に秘蔵の名刀を寄進したときも、「宝蔵」に籠め置いてくれるなら大望であると言った。

毛利元就はなぜ宝蔵にこれほどこだわったのだろうか。厳島大明神に寄進された品々が宝蔵に籠め置かれることで厳重に管理され、「平家納経」などの神物と同じように末代まで伝えられると考えられていたからである。

しかも、宝蔵に籠め置かれた品々には、その寄進者の魂が宿っていると理解されたため、子々孫々に至るまで厳島大明神の加護を得ることができると思われた。毛利元就もまた同家の末永い安泰、子々孫々の繁栄を願うあまりに、自分が寄進した品々が宝蔵に籠め置かれることに強くこだわったのであろう。

毛利元就や息子の隆元父子は何振りもの天下の名刀を厳島大明神に寄進したことが知られ、それが戦国時代においては神物として宝蔵に籠め置かれ、厳重に管理されていた。

（松井輝昭）

厳島神社　43ページ参照

毛利元就の「三本の矢の教え」は史実なの？

毛利元就《もうりもとなり》には「三矢の教え」として有名なエピソードがある。元就が死に臨み、長男の毛利隆元《たかもと》、吉川《きっかわ》家を継いだ次男の吉川元春《もとはる》、小早川《こばやかわ》家を継いだ三男の小早川隆景《たかかげ》を枕辺に集め、一本の矢はたやすく折れるが、束《たば》ねた矢は折れないことを示し、三人兄弟が同心協力するよう言い聞かせ、三人は力を合わせることを誓ったという。

このエピソードは戦前の小学校の修身《しゅうしん》（道徳）の教科書に、兄弟仲良くすることを説く話として紹介され、広く知られるようになった。近年ではサッカーJリーグのサンフレッチェ広島のチーム名の由来となっており、同チームは毛利氏の守護神となっていた清神社《すがじんじゃ》（安芸高田市）に必勝祈願を行うことを恒例としている。

しかし、元就が死去する八年も前に隆元の方が先に亡くなっているなど、この話をそのまま史実とするには問題が残る。

また、バラバラの矢は折れるが一度には折れないというモチーフを共有する話は、五世紀の故事として中国の歴史書（『魏書』）に見えるのをはじめとして、モンゴルからロシア・アフガニスタンなどに伝わっていることから、中国の話を基にして、近世になって作られたものであると考えられている。

その一方で、この話には基となる実在する史実がある。それは、「三子《さんし》教《きょう》訓状《くんじょう》」と呼ばれる弘治三年（一五五七）十一月二十五日に隆元・元春・隆景にあてた一四カ条にわたる長文の元就書状である。その前半七カ条にわたって、三人の協力が必要であることが、くどいほど述べられている。

毛利元就（豊栄神社所蔵）

それは道徳的な問題としてというより、あくまで「毛利」の家を保つことに目的が

清神社　住所／安芸高田市吉田町吉田 477　交通／広島バスセンターより約 70 分「安芸高田市役所前」下車、徒歩 10 分

置かれており、他家を継いだ元春・隆景が毛利家の運営に参画することが求められている。

　他家を継いだ両人が毛利家の運営に参画、毛利家中《かちゅう》に命を下すことは隆元の主人権を侵すことになるが、隆元は父元就が盛り立ててきた毛利氏を自分が継ぐことでつぶしてしまうという不安が強く、大内氏領国の防長を制圧した四月に引退を申し出た元就と半年間検討のうえ、元就が隆元の後見を続けることに加えて兄弟が補佐する体制が構想されたのである。この体制は吉川・小早川の「川」の字をとって「毛利《もうり》両川体制《りょうせんたいせい》」と呼ばれている。毛利氏が大内氏を滅ぼして五カ国の統治に直面する中で、大領国を経営する人材難や、急激な領国拡大を図ってきた元就および毛利氏に対して国人《こくじん》たちが持つ不満に対する危機意識から支配を固めようとしたものである。

　後者については、元就が教訓状とは別に書いた書状の中で、三子の一致協力を説くための前置きとして「毛利家をよかれと思う者は他国はもちろん自国にも一人もいない」と言っているほどである。

もともと国人同士が取り結ぶ一揆《いっき》契約のリーダーに過ぎなかった毛利氏が、同盟という横の関係にあった国人に対して、上から支配を行う体制に切り替えようとしたもので、教訓状の中で、兄弟（元春・隆景）といえども毛利の当主（隆元）の命に従うことを求めているのも政治的な意味が強いのである。また、自分がしてきたことへの報いは元就一代の間に受けるとしながら、神仏への信仰の必要性も説いている。

さらに、この教訓状では、他の幼い弟たちはともかくとして、元就の長女の嫁いだ宍戸氏とも結束することが、元就の亡妻妙玖《みようきゆう》を持ち出して強調してある。四人の共通の母親である妙玖を持ち出すことで結束の必然性を強化しているのである。

教訓状が出された翌日付で、その意向に従うとする三子連署による請文が出されている。実際には元春・隆景が後に花押《かおう》（サイン）を加えた後、元就に提出されたようだが、この体制については、あらかじめ両人からも了承を得ていたものと思われる。

（増田　実）

小早川隆景は海賊とどんな関係を築いたの？

戦国時代から安土桃山時代にかけての小早川氏と村上氏は、片や安芸毛利《あきもうり》氏を支える安芸小早川《こばやかわ》氏の当主、片や瀬戸内海最強の海賊だった。

その関係は、時の流れで変わった。村上《むらかみ》氏は三家に分かれ、小早川隆景《たかかげ》にとって三様だった。当初は、基本的には共通の敵と戦う盟友だった。それが天下統一への戦乱を経て、一家を除いて家臣となった。天下人の豊臣秀吉《とよとみひでよし》が、自由な瀬戸内海を「秀吉の池」として鎮圧し、海賊衆は活躍の場を失った。隆景に頼るしかなかったのである。隆景の死後、二家は毛利氏船手衆となる。

以下は、その経緯である。

隆景は、毛利元就《もとなり》の三男で、小早川氏に養子入りした。小早川氏は、安芸・備後《びんご》境の海辺の豪族で、以前から海賊衆と時に争い、時に手を結んだ。

小早川隆景（米山寺所蔵）

誼《よし》みを通じる者さえいた。隆景は、その強みを生かした。

村上氏三家は、伊予能島《いよのしま》、伊予来島《くるしま》、備後因島《いんのしま》にそれぞれの本拠があった。海の関所を設けて通行料を取った。徴収場所は札浦《ふだうら》といわれ、島や半島にあった。航行の安全を保障したり、戦時は警固《けいご》衆として味方することを条件に、陸の大名も札浦を認めていた。

備後因島は本州、伊予来島は四国寄りなので、それぞれ小早川氏、伊予河野氏の外様家臣、という一面もあった。内海中央の能島村上氏だけは、独立した「海の大名」だった。

隆景は、合戦のたびに三家そろって味方するよう奔走した。元就が旺《おう》盛《せい》だった頃、周防長門《すおうながと》の陶晴賢《すえはるかた》と戦った厳島《いつくしま》合戦、元就の死後、織田信

因島水軍城（水軍関連の博物館）　住所／尾道市因島中庄町 3228 － 2　交通／ JR 尾道駅よりバス停「要橋」で乗り換え、「水軍城入口」下車、徒歩 10 分

長を相手に天下を争った第一次木津《きづ》川口（大坂湾）合戦は、奔走が実り、勝利した（厳島合戦では来島村上氏不参加説もある）。

だが、第二次木津川口戦は、織田方の新造大安宅《おおあたけ》船に敗れ、来島村上氏は織田方へ寝返った。毛利勢は、陸戦でも備中高松《びっちゅうたかまつ》城を水攻めされて苦しみ、秀吉と和睦した。

秀吉は天下を押さえると、直ちに海賊禁止令を出した。その後、能島村上氏を「海賊を働いた」と叱責《しっせき》する。当時隆景は、秀吉から筑前《ちくぜん》の大名にも任じられており、能島村上氏をかばって家臣に抱えた――。

隆景は、早い時期、本拠を安芸沼田《ぬた》から内海を見渡せる備後三原《みはら》（現三原市）に移し、信長や九州の雄・大友《おおとも》氏との駆け引きに腐心《ふしん》する。その経験が、洞察力もあり、気配りもできる重厚な人物に成長させたらしい。死没は慶長二年（一五九七）。海賊禁止令から九年後だった。（宮坂靖彦）

"海の大名"能島村上氏と戦国大名との関係は？

東アジアと日本列島を結ぶ流通の幹線であった瀬戸内海の東西・南北、いずれの意味においてもほぼ中央に所在する芸予諸島《げいよしょとう》の能島《のしま》を本拠とする能島《のしま》村上《むらかみ》氏は、「海賊」と称され、山名《やまな》氏・大内《おおうち》氏・毛利《もうり》氏といった大名の「水軍」として編成されていったと考えられていた。

しかし近年では、特定の大名との関係を深めていくのではなく、瀬戸内周辺諸大名のいずれとも友好的関係を保持しようとする「海の大名」であったと、その独自性・自立性を評価しようとする見解も出され、支持を得ている。

能島村上氏のナワバリを無事に通航するには船に能島村上氏の配下を同乗させ（上乗《うわのり》）、通行税を払う必要があったが、陸の大名はこれを免除してもらったり、大名が能島村上氏に軍事的協力を求める時には相応の反対給付が必要だったのである。

能島村上氏は戦国時代の前期に厳島《いつくしま》をも含む広島湾頭に急速にナワバリを拡大し、その勢いを背景に、大内義隆《おおうちよしたか》から、唐荷《からに》（輸入品）に駄別銭《だべつせん》（荷駄の量に応じて取る税）を課し、それを厳島で徴収する特権を獲得していたが、天文二十年（一五五一）にクーデターを起こして大内義隆を滅ぼした陶晴賢《すえはるかた》は、能島村上氏が大内義隆から許されていた同島での権限をすべて否定した。

天文二十四年の厳島合戦で陶晴賢を滅ぼした毛利氏も、唐荷駄別銭の徴収は認めず、厳島の町支配に深く関《かか》わることを拒否した。

陸の大名である毛利氏は、貿易都市・中継貿易の基地として栄える厳島のような港湾都市を手放そうとしなかった。

その性格上、毛利氏と対立する大名との関係も保ち続ける海の大名に与えると、政治情勢・条件次第で海上交通・流通の要衝が毛利氏の思うようにならなくなることを恐れたのであろう。

尾道・蒲刈《かまがり》を能島村上氏のナワバリに組み入れることも認めなかったのも

宮尾城跡（厳島合戦時に毛利元就が築城） 住所／廿日市市宮島町港町 交通／宮島桟橋より徒歩５分

同じ理由からであろう。中世瀬戸内有数の港湾都市である尾道の対岸に位置する「宇賀《うか》島」も、そこの海賊を滅ぼした後も約束通り因島村上氏へ与えられたことは確認できない。

文安二年（一四四五）の「兵庫北関入船納帳《ひょうごきたのせきいりふねおさめちょう》」（東大寺領の兵庫北関の関税の徴収簿）の中で、おそらく輸入品の布の九割強を運んだ廻船《かいせん》の船籍が蒲刈であったことから、西から運ばれてきた品物を積み替える中継貿易の基地としての役割を持っていたと考えられる蒲刈も、戦国前期に多賀谷《たがや》氏が滅んだ後は小早川氏が支配して、能島村上氏は、ここもナワバリに組み込めなかった。

これに対して、能島村上氏は厳島にかえてナワバリの東端である塩飽《しわく》で駄別銭を徴収することを、天正元年（一五七三）、毛利氏に認めさせたが、二度にわたる海賊禁止令によって能島村上氏の海上支配権は豊臣秀吉《とよとみひでよし》によって奪われ、毛利氏に従属する家臣として生き残るしかなかったのである。

（増田　実）

“海賊”因島村上氏の収入源は何?

能島村上氏《のしまむらかみ》・来島村上氏《くるしまむらかみ》・因島村上氏《いんのしまむらかみ》は、三島村上氏《さんとうむらかみ》と称せられ、中世芸予諸島《げいよしょとう》を拠点に瀬戸内海の流通を支配した武士団で「海賊」と呼ばれることも多かった。

この呼称は、中世前期には反体制の海のならず者という文脈で用いられることが多いようだが、中世後期においては必ずしも蔑称《べっしょう》ではない。朝鮮王朝へたびたび使者を送っている藤原朝臣村上備中守国重などは自ら「安芸州海賊大将」と称しているほどである。

三島村上氏は元来、伊予を拠点としていた村上氏が室町初期に三家に分かれた、同じ祖先を持つ家と意識されていたが、南北朝期に南朝方として活動したという村上義弘《むらかみよしひろ》らと、室町中後期以降の史料に現れる因島村上氏らの関

村上水軍の墓地（尾道市因島）

因島公園からの眺め（尾道市提供）

青影城　住所／尾道市因島中庄町　交通／JR尾道駅よりバス停「大橋入口」で乗り換え、「千守」下車、徒歩約30分係は明確でない。

だが、三家は連携をとることによって、瀬戸内海航路を東西にさえぎるラインを作ることが可能となり、西瀬戸内海における海上の秩序を徹底させることができたのである。

因島村上氏は、備後守護山名時熙《やまなときひろ》の下で従軍し、時熙より備後多嶋《たじま》（現福山市）地頭職《じとうしき》を宛行《あてが》われたり、毛利氏から周《す》防《おう》で浮米《うきまい》（固定した田地を指定しないかたちで与えられる給米《きゅうまい》）を与えられたりもしているが、そうした陸の権益とは異なる形での収入も存在した。

因島水軍まつり（尾道市提供）

その一つが、廻船や輸送船から駄別料《だべつりよう》（船に搭載している荷駄に対してかける通行税）を徴収する「札浦《ふだうら》」と呼ばれるもので、室町後期に因島村上氏が他の海賊衆と同様に私関を設けていたことが知られる。

また、三島村上氏のナワバリに足を踏み入れた他国船は、赤間関《あかまがせき》（現山口県下関市）、上関《かみのせき》（現同県熊毛郡上関町《くまげぐんかみのせきちよう》）、来島村上氏の関、因島村上氏の関で、船の規模を示す「帆別《ほべつ》」によってきめられた関銭を払って「免符《めんぷ》」を所持したうえ、三島村上氏配下の者を雇って「上乗《うわのり》」として同船させなければ安全に航行することができなかったのである。

陸の大名の「警固衆《けごしゆう》」「水軍」として活動した対価以外のこれらの基盤を確保することで、特定の政治権力に依存せず、自立性を保つことができたのである。（「〝海の大名〟能島村上氏と戦国大名との関係とは？」参照）

（増田　実）

水野氏と阿部氏の〝十万石〟はこんなに違う⁉

元和五年（一六一九）、広島藩主の福島正則《ふくしままさのり》が改易となり、芸備の地を去り、水野勝成《みずのかつなり》が大和国郡山から備後南部に入封して福山藩が成立する。備後国七郡と備中国の一部を領地とした十万石の大名となる。

その後、元禄十一年（一六九八）に水野氏の断絶によって、同十三年に出羽国山形《でわのくにやまがた》から松平忠雅《まつだいらただまさ》が、宝永七年（一七一〇）に松平氏に代わって下野国宇都宮《しもつけのくにうつのみや》から阿部正邦《あべまさくに》が、共に十万石の大名として入った。

両氏の十万石は元禄十二年（一六九九）に岡山藩が幕府の命によって実施した検地によって打ち出した石高であった。この検地によって旧水野氏時代の領地高は十五万石とされ、松平・阿部両氏の領地高は五万石を差し引かれた十万石であった。表向き十万石であった水野氏旧領は五万石の打ち出し

復元された福山城（広島県提供）

福山城筋鉄御門（福山市提供）

福山城博物館　住所／福山市丸之内１－８　交通／JR 福山駅より徒歩５分

福山城古写真（福山城博物館所蔵）

（石高の増加）があったことになる。

水野氏は前領主であった福島氏時代の十万石を引き継ぐが、水野氏は正保二年（一六四五）から天和二年（一六八二）に領内の総詰を行っている。これによって福山藩領は十三万八〇〇石と量《はか》られ、三万八〇〇〇石の打ち出しがあった。この打ち出しは歴代の水野氏による治水・灌漑《かんがい》設備の開発と整備による耕地の安定、さらに福山城下周辺の干潟の干拓などによる耕地の拡大にあった。

治水では服部《はっとり》の大池築造などに見られる溜池用水の整備、河川では芦田川《あしだがわ》・加茂川《かもがわ》・高屋川《たかやがわ》などの流域周辺の開発、干拓では野上《のがみ》村・川口《かわぐち》村・多治米《たじめ》村・引野《ひきの》村などで大規模な造成が行われた。

そして、元禄十二年（一六九九）の検地は、「少の所にても地面引落間敷旨並縄手の者召仕等迄、若非義これ有る者早速惣奉行所へ訴えるべし」との方針で、見落としのないようにすべての土地の検地を命じている。

また、「所により藺田麻田など有る者、一段立の石盛は従上壱斗高にても相究」めることとし、いわゆる商品作物への課税も明確にした。田畑への徹底した課税対策としての「元禄検地」は、水野氏時代の十三万八〇〇〇石からさらに一万九〇〇〇石を打ち出した。

水野氏時代の十五万石のうち五万石は幕府領となり、松平・阿部氏の領地高十万石は水野氏のそれと違い、余裕のない実質の石高であったといえよう。

（菅波哲郎）

広島藩は朝鮮通信使をどのようにもてなしたの？

下蒲刈島《しもかまがり》（呉市）は瀬戸内海に浮かぶ周囲一六キロメートルの島である。

江戸時代の鎖国のなか、日本は朝鮮国と親交があった。

将軍の代替わりや慶事などに際し、朝鮮通信使は国書をたずさえて来日し、瀬戸内海を通り、大坂から陸路、江戸へ向かった。通信使一行は正使など三使を含め総勢五〇〇人前後、随行の対馬《つしま》藩主宗《そう》家主従を含めると一五〇〇人にもおよぶことがあった。

幕府は日本の繁栄を示すため、通信使一行を極度なくらい丁重に接待したため、諸大名も、これにならった。下蒲刈島での接待は広島藩が当たり、他藩に劣らないよう最大限の心尽くしで迎えた。

正徳元年（一七一一）に来日した通信使一行は、江戸において各地の接待

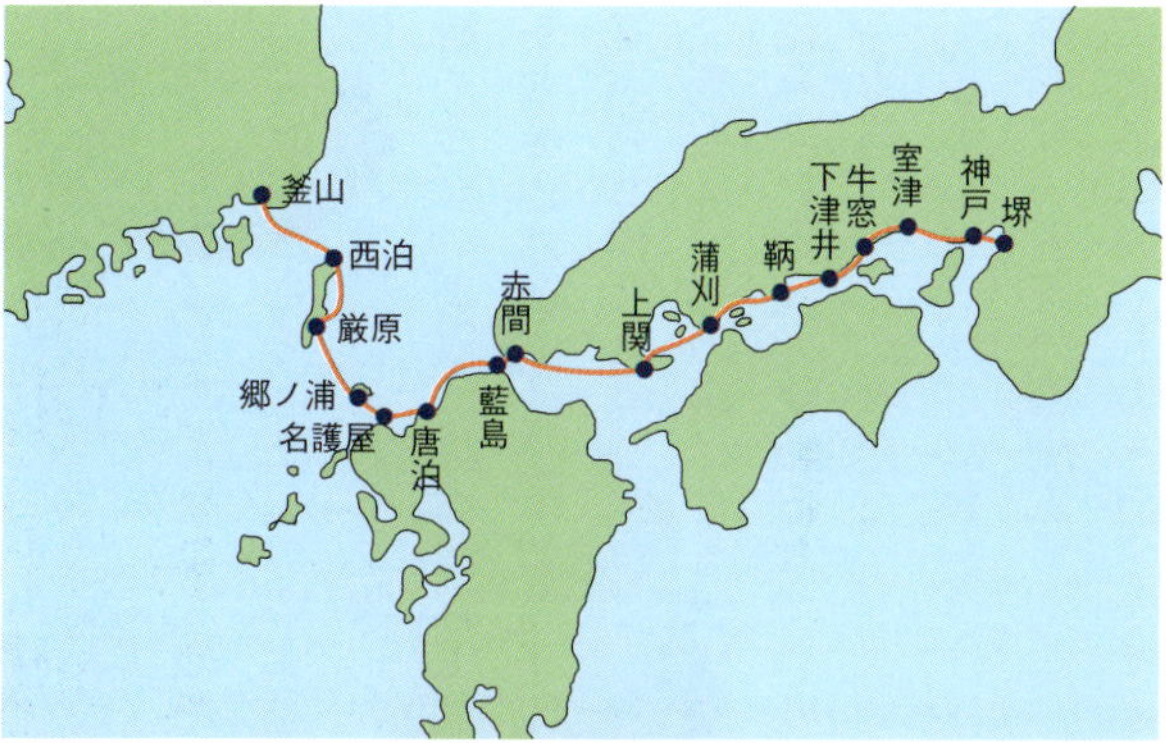

慶長元年（1596）の朝鮮通信使の航路

朝鮮通信使再現行列（呉市下蒲刈町／広島県提供）

朝鮮通信使記念館　住所／呉市下蒲刈町三之瀬（観松園内）　交通／JR 呉駅よりバス停「見戸代」で乗り換え、「梶ヶ浜海水浴場」下車、徒歩５分について尋ねられた。この時、同行した対馬《つしま》藩主は「安芸蒲刈《あきかまがり》御馳走一番」

と絶賛したという。ここで言う「御馳走」とは料理だけでなく接待全般を指すが、それはどのようなものだろうか。

迎賓館となる上下二つの御茶屋は新築同様の改築が行われた。雁木《がんぎ》には勾《こう》欄《らん》付きの掛出しという上陸用の建物が設けられ、そこから御茶屋までは土を踏ませないように薄縁《うすべり》と緋毛氈《ひもうせん》が敷き詰められた廊下が続く。室内には領内から集めた金屏風《きんびょうぶ》が立ち並ぶ。四〇〇個余りのきらびやかな灼灯《しゃくとう》は、海面を照らし出した。

夜の儀式用の膳は七五三の膳で、料理数は五〇種類にもおよぶ。その献立は幕府の指定で決められていた。地元では調達できない食材もあるが、全国から苦労してそろえた。

しかし、これらは箸《はし》をつけるだけで、メインは、その後に出される引替膳の三汁一五菜のご馳走である。この献立は地元の裁量に任されたので、いかに満足のいくものを出すかによってもてなしのランク付けが決まる。そのためには、各宿泊地に人を送って正使の好物を丹念に探り、それらをそろえて出した。
　とりわけ好評だったのは、鯛《たい》焼きや雉《きじ》つけ焼き、鴨《かも》杉焼きなどである。毎度ふるまわれた「忍冬酒《にんどうしゅ》」（忍冬はスイカズラ）は寛永二十年（一六四三）の通信使の記録に「安芸州之酒味為日本第一」と記録されている。鮮度にもこだわり、鯛を人数分そろえるため生簀《いけす》の技術があった。特に好物だと聞いた雉は、旅立つ日に生きたものを三〇〇羽贈り、大変喜ばれたという。

（西村　晃）

赤穂藩主浅野内匠頭に阿久利姫が嫁いだわけは？

寛文九年（一六六九）、三次《みよし》藩五万石の初代藩主浅野長治《あさのながはる》に娘が生まれ、阿久利《あくり》（阿久里）と名付けられた。母は在三次の長治側室である。長治の正室は、赤穂藩五万石の初代藩主浅野長重《ながしげ》の娘（齢松院）であった。

阿久利というのは、子供が女子続きで次は男子出生をと願う時に名付けられる名前である。

阿久利の上には、正室との間に千松（初め梅松）・犬姫、側室との間に松姫・兼姫・万吉があったが、阿久利が生まれた時、万治三年（一六六〇）生まれの兼姫を除いて、すでにこの世になかった。長治は本家浅野光晟《みつあきら》の二男で長治の甥に当たる長尚《ながなお》を養子に迎えたが、これも早世し、その弟で承応元年（一六五二）生まれの長照を養子に迎えた。

三次浅野家菩提寺・鳳源寺（三次市）にある阿久利姫（瑶泉院）遺髪塔と阿久利姫像

長治は娘の兼姫を長照《ながてる》にめあわせるべく準備を進めていたが、延宝三年（一六七五）正月十九日、江戸で逝去し、続いて兼姫も同年五月十三日に亡くなった（阿久利の妹に三つ年少の鶴姫があり、公家の河鰭《かわばた》季縁に嫁いだが、これも貞享五年〈一六八八〉に死去している）。

一方、長治の義父浅野長重の曾孫に当たる赤穂《あこう》藩主浅野長矩《ながのり》は、寛文七年（一六六七）生まれで、阿久利とは二つ違いである。延宝三年正月二十六日に逝去した父長友の遺領を継ぎ、同年三月二十五日、九歳で赤穂藩主となっ

鳳源寺（三次藩菩提寺）　住所／三次市三次町 1057　交通／ JR 尾関山駅より徒歩５分

た。

阿久利は、この年正月十九日に紐解《ひもと》きの儀式を済ませ、閏四月二十三日に長矩と阿久利の縁組について、両家から幕府へ願いが出されている。

両浅野家は同族で、五万石などの格式も同じ、長治の正室との関係から考えても両家の縁組は自然な流れであった。阿久利が紐解きの時は父長治死去の報はまだ三次には伝わっていなかったが、二月二十六日には阿久利の異母弟の百松が江戸で亡くなっている。

このような三次・赤穂浅野家にとって不幸の連続であった年に両家の縁組を願い出たというのは、これが長治・長友の遺志であったことがうかがわれる。恐らくは本家広島藩の隠居綱晟《つなあきら》夫妻などを含めた浅野一族の総意であったのではなかろうか。長矩と阿久利は天和三年（一六八三）正月十一日に祝言をあげた。

（西村　晃）

「安政大地震」の情報は五日で福山に届いた!?

安政二年（一八五五）十月二日、直下型地震が江戸を襲《おそ》った。福山藩は、その状況について同年十月八日付で領内に触《ふ》れを出している。それは「江戸を三日に出た飛脚によると、二日の午後十時ころ大地震があった。藩邸の屋敷はおおむね倒壊したが、藩主をはじめ家族は無事であった」との内容である。

飛脚が、この触れの日付の前日に福山城下に到着したとすれば、五日間を要したことになる。現在、福山駅（福山城下）と東京駅（江戸）との距離は七九一キロメートル（JR新幹線時刻表）である。

当時、人の移動は本人自身の足に頼らなければならなかったが、その速さを参勤交代大名の移動速度でみると、次のようになる。福山駅の北約一〇キ

神辺本陣（福山市提供）

ロメートルに位置する山陽道神辺《かんなべ》駅に宿泊した大名は、山陽道を東に向かって西宮から伏見街道を上り、その間二六の駅を継いで京に至り、さらに東海道五三の駅を経て江戸に入る。それに要した日数は約三〇日であった。一日約二五から二七キロメートル歩いたことになる。前述の大地震情報は五日間で届いているので、一日一六〇キロメートルの距離を情報伝達する通信機関が存在していたことになる。

山陽道神辺駅の本陣職を務めていた菅波信道《すがなみのぶみち》は、「今思いしに此序平《このじょへい》（信道の世襲名）、東都の道は又遠し、弐百有

神辺本陣　住所／福山市神辺町川北 527　交通／ JR 神辺駅より徒歩 10 分

余の其里数、五日五夜の大走り、当国に知らせの有るにけり。尚《なお》又六日七日なる、日切の飛脚走り来て、西国方の御領地へ、達《たつし》の大早《おおはや》又多し。当駅継所の閙《さわ》がしさ、昼夜わかたず継立《つぎだて》し」と、この機関のことについて記録している。「五日五夜の大走り」で、しかも「昼夜わかたず」の飛脚とは、時速で如何《いか》なるスピードであったのか。神辺駅と江戸との、距離約八〇〇キロメートル離れた情報が五日で届いているので次のようになる。

八〇〇キロメートル÷五日÷二四時間（一日）＝六・六キロメートル、となる。時速約七キロメートル。

一人の人間が寝ずに五日間、時速七キロで走り続けることは不可能である。「昼夜わかたず継立し」た、当時の通信機関の存在が可能にした。神辺駅から江戸まで山陽道と東海道の合わせ、七九の駅を継ぐ、すなわち、少なくとも七九人の「大走り」によって、江戸の藩主や藩邸の情報が備後福山城下に届けられた。ちなみに、飛脚一人当たりの走行距離は一〇キロメートル前後となる。

（菅波哲郎）

広島藩が維新の功藩にならなかったわけとは？

慶応三年（一八六七）九月十九日、薩摩の大久保一蔵（利通《としみち》）と長州の桂小五郎（木戸孝允《きどたかよし》）らとの間で討幕の出兵盟約が成立し、翌二十日には桂らと広島の植田乙次郎《うえだおとじろう》との間で同様の盟約が成立した（薩長芸三藩同盟）。

この時は盟約に定められた配置や出兵はなかったが、十月十四日の大政奉還と同時に出された討幕の密勅により、薩長両藩は京都への兵力輸送を開始、広島藩もこれに協力した。

十二月九日に宮廷内で行われた小御所《こごしょ》会議では、徳川慶喜《とくがわよしのぶ》の辞官納地をめぐって岩倉具視《いわくらともみ》・大久保一蔵ら武力倒幕派と、土佐の山内容堂と越前の松平春嶽らの公議政体論が鋭く対立、広島藩世子浅野茂勲《もちこと》（長勲《ながこと》）らの説得によって武力倒幕派の意見に決した。

広島城古写真（広島市公文書館所蔵）

このように広島藩は王政復古に重要な役割を果たした。しかし、明治二年九月に行われた維新の賞典禄での評価は薩長土肥よりも低かった。これはなぜであろう。

広島藩は二度にわたる長州征伐の前線基地になり、戦争の中止や終結に力を尽くしたことで薩摩や長州から信頼を得た。しかし、慶応三年になると、広島藩は土佐藩と大政奉還実現のために奔《ほん》走《そう》し、武力倒幕か大政奉還かという微妙な政治情勢下で、大久保や長州の品川弥二郎、倒幕派の公卿らから疑惑の目を向けられてしまう。

広島城　住所／広島市中区基町 21 − 1　交通／ JR 広島駅より路面電車で「紙屋町東」「紙屋町西」電停下車、徒歩 15 分

それ以上に広島藩が薩長土肥に劣っていたのは軍事力であった。薩摩や長州がライフル銃であるミニエー銃などを英国を通じて大量に購入し、切り替えていったのに対し、広島藩は旧式のゲベール銃が主力であった。このため、広島藩は戊辰《ぼしん》戦争で活躍することができなかった。四二万石という石高にしては戦争に送った兵力は少なく、戦功をあげることができなかったのである。

この根本的な原因は、広島藩の財政難もあったであろうが、洋学の人材教育を怠《おこた》ったことにある。藩が西洋式軍制を採用したのは文久三年（一八六三）であり、それを指導できる専門家もわずかであった。藩が江戸へ洋学修業のために子弟を送り出したのは、維新直前の慶応二年であった。したがって、明治政府に西洋知識に明るい人材を送り出すこともできなかった。

（西村　晃）

山村育ちの楢崎圭三が成しとげた事業とは？

楢崎圭三《ならさきけいぞう》（一八四七～一九二〇）は、高田郡《たかた》三田村《みた》（現広島市安佐北区《あさきた》白木町）の豪農の家に生まれた。

山村である三田村の唯一の産業は炭焼きであったが、明治十四年（一八八一）の第二回内国勧業博覧会に三田炭を出品した圭三は、三田炭が他に劣《おと》っていることを思い知らされた。

圭三は産業発展のためにはまず道路改修が必要と考え、広島から三田を経由し三次《みよし》に至る街道の改修から取り組んだ。当時の道は険《けわ》しく、曲折し、馬車はおろか人間の通行でさえ容易でなかったのである。圭三は公共利害について関係筋を誠心誠意説いて回り、明治十六年にわずか九カ月で有志負担により馬車が通行可能な一七里の芸備街道を完成させた。

その後は造林法や三田炭改良を志し、各地を視察して新しい技術と理論を学んでは故郷の山にこもり、炭窯の改良に明け暮れた。

圭三は、木炭改良のかたわら、シイタケ栽培にも取り組んだ。

江戸時代の日本のシイタケ栽培はすべて乾シイタケで、明治中ごろまでは、鉈目法《なためほう》といって、時期を見て伐採したシデ・コナラ・クヌギに鉈《なた》で切り目をつけて伏せ込み、二年間程度熟成させ、きのこのついたものを集めて、その榾木《ほたぎ》からシイタケを発生させるというものであった。当時はシイタケが胞子《ほうし》で繁殖するということが知られておらず、自然任せだったのである。

キノコ培養の研究者田中長嶺《たなかながみね》から人工接種法を学び、感銘を受けた圭三は自宅でシイタケの人工接種を試みて成功し、明治三十四年に『大日本山林会報』で発表した。

彼は二つの事業に自らの名を謳《うた》い、楢崎式木炭《ならさきしきもくたん》、楢崎式椎茸養成法《ならさきしきしいたけようせいほう》と名付けた。そして、彼の功績はこの二つの事業を全国行脚《あんぎゃ》して技術指導の上、普及させたことにある。

彼は県内だけでなく全国から招かれて、実験結果を率直に語ることによって信頼を得た。彼は白股引《ももひき》、脚絆《きやはん》にわらじばきという出《い》で立ちで出かけて行った。飾りけのない挨拶と、時折チョボクレを交えながらの説明は聴衆に大受けし、拍手喝采《はくしゅかっさい》を浴び、「炭焼きおやじ」の名前で親しまれた。特に北海道や東北各県で、その成果が評価され、功績をたたえた石碑などが残されている。

（西村　晃）

広島市はなぜ軍都になったのか？

第二次世界大戦前の広島県は、軍との結び付きの強い県であった。広島には第五師団の司令部が設置されたほか、陸軍運輸部と被服支廠・兵器支廠・糧秣《りょうまつ》支廠が置かれ、陸軍の一大派兵基地・兵站《へいたん》基地の役割をになった。一方、呉《くれ》には呉鎮守府と呉海軍工廠《こうしょう》が置かれ、軍港としてまた東洋一の軍艦・兵器製造工場を有する都市として発展をとげた。また、呉市の近郊賀茂郡広村（現呉市）には航空機の製造・修理にあたる広海軍工廠が設置された。

このほか県内には、福山に歩兵第四一連隊、江田島に海軍兵学校があり、昭和初期から戦時期にかけて、東京第二陸軍造兵廠忠海製造所（大久野《おおくの》島、毒ガス製造）、大竹海兵団、安浦海兵団も設置された。

広島が軍都として発展する起点となったのは、明治維新の兵制改革に遡る。

広島大本営跡（広島市中区）

明治四年（一八七一）に東京・大阪・鎮西（熊本）・東北（仙台）の四鎮台が設置されたが、この時、広島に鎮西鎮台第一分営が設置された。明治六年には全国の鎮台配置が改定され、全国を六軍管に分け、広島には第五軍管広島鎮台が設置され、中・四国の大部分が、その管轄範囲となった。

その後、明治二十一年に師団司令部条例が公布され、広島鎮台が廃され、第五師団司令部が設置された。このように広島は中・四国ないしは西中国を管轄する軍事拠点、全国六大軍事拠点の一つとして位置付けられていた。

宇品波止場公園　住所／広島市南区宇品海岸３－12　交通／JR広島駅より路面電車で「海岸通」下車、徒歩10分

そして、明治二十七年に日清戦争が勃発すると、陸軍の派兵基地・兵站基地として、その重要性がにわかにクローズアップされるようになった。

日清戦争では、開戦を前に第五師団に動員が下令され、明治二十七年六月九日には歩兵第一一聯隊第一大隊が宇品《うじな》を出航した。六月八日、宇品に陸軍糧秣倉庫の建築が着工され、その後、三二棟があいついで建築された。十二日には朝鮮行き軍役人夫を募集することになり、六月二十日に三〇〇〇人が軍に引き渡された。その後も人夫の募集が行われ、八〇八九人が合格した。

ちょうどこの年、山陽鉄道が広島まで開通した。これと明治二十二年に築港された宇品港とが結ばれることによって、広島は朝鮮半島・中国大陸への格好の派兵基地となった。広島駅と宇品港を結ぶ宇品線は二週間余の突貫工事で完成し、戦争に間に合わせた。

開戦とともに広島以東の各師団があいついで広島に集結し、宇品から出航したが、これらの将兵は、広島市内や近郊に分宿した。その員数は軍夫を含め一七万一〇九八人、滞在日数は数日から長期の場合は数十日にわたることもあった。九月八日には大本営を広島に進めることが発表され、十五日に明治天皇が来広した。帝国議会も広島で開かれ、広島は顕官・名士で充満し、臨時首都の様相を呈した。

この戦争を機に広島は、派兵基地・兵站基地として、軍事施設の拡充が図られる。まず、帰還部隊の受け入れに備えて似島《にのしま》臨時陸軍検疫所が明治二十八年六月に開庁した。翌年には広島軍用水道の工事が始まった（三十一年八月完成）。上水道の建設は、陸軍船舶への上水補給のほか、伝染病対策として欠かせないものであった（日清戦争後、帰還部隊を迎えた広島はコレラの猛威に悩まされ、明治二十八年中に、広島市で一三〇二人がコレラにより死亡した）。陸軍省は次のように広島軍用水道の必要性を力説する（防衛庁防衛研究所蔵、陸軍省「壹大日記」明治二十八年十月）。

広島県広島市ハ宇品港ト并《なら》ヒ兵略上ノ一策源地《さくげんち》タルハ敢《あえ》テ多弁ヲ要セス、然《しか》ルニ同市ノ飲料水汚悪ニシテ往々悪疫蔓延《まんえん》ノ媒介《ばいかい》ヲナシ軍隊ヲ危殆《きたい》ニ陥サラシムルモノ少カラス、故ヲ以テ其土地ノ形勢港湾ト相待チテ頗《すこぶ》ル良好ナリト雖《いえど》モ水道ヲ布設シ此《こ》ノ衛生上ノ欠点ヲ除去スルニアラスンハ充分ニ之カ用ヲ為スニ由ナク、軍隊ヲ派遣還送スルニ当リテモ一部団隊ヲ同時ニ此所ニ駐屯セシムルヲ得ス、……水道ヲ同市ニ布設スルハ実ニ忽諸《こつしょ》ニ付スヘカラサルモノタリ、依テ一日モ早ク其工ヲ竣《お》ヘ広島ヲ安全ナル策源地トナシ、且《かつ》宇品港ノ集積倉庫ノ如キモ之ニ伴フテ永久ノ計画ヲ要ス……

上水道建設は、広島市にとっても懸案であり、軍用水道に接続することで市民への給水が可能となったのである。

戦争中、フル稼働した宇品港の輸送機能は、戦後もその利用価値を減じることはなく、明治二十九年三月に臨時陸軍運輸通信部宇品支部が設置された。これが後の陸軍運輸部である。このような宇品の役割と関連して、広島には糧秣支廠・被服支廠・兵器支廠が置かれた。また、陸軍地方幼年学校が、仙台・東京・名古屋・大阪・熊本と並んで広島に設置されている（明治三十年開校、昭和三年廃校、昭和十一年復活）。

広島の派兵拠点としての軍都的色彩は、戦時に一挙に噴出する。明治三十三年の北清事変に続いて、明治三十七・三十八年の日露戦争でも、広島は出撃拠点となり、戦争景気を当て込んで、物質と人間が殺到した。

とくに宇品の繁栄はめざましく、開戦前三二〇〇人といわれた人口は、開戦後九〇〇〇人にふくれ上がり、ほかに軍事輸送に従事する人夫が三〇〇〇人に達したという。また、一〇〇軒余の飲食店、三〇軒近い料理屋、八〇軒におよぶ宿屋・下宿屋、人力車夫三〇〇人以上、貸座敷四〇軒余、娼妓二〇〇余人という繁盛ぶりであった。

満州事変以降、日中戦争・太平洋戦争と戦争が激化するにつれて、広島の役割はさらに増大し、宇品はふたたび戦地へ派遣される部隊の出撃基地となった。昭和十七年（一九四二）には陸軍の輸送諸機関を統轄する船舶司令部が設置された。そして、第二次世界大戦末期には、第二総軍司令部が置かれ、西日本随一の軍事拠点として位置付けられた。

（安藤福平）

呉市はなぜ軍港都市として発展したのか？

明治十九年（一八八六）四月、海軍条例が公布され、全国を五海軍区に分け、それぞれの軍港に鎮守府《ちんじゅふ》が設置されることになった。そして、第二海軍区の鎮守府は、かねて軍港の候補地として物色されていた呉浦《くれ》に設置することが決定され、同年十一月、呉鎮守府の建設工事が着工された。

工事には一日一万数千人もの人夫が動員されたといわれ、九四万余円の工費を費やして明治二十三年三月に竣工した。呉鎮守府には艦艇兵器製造部門として造船部と兵器部が設けられ、「帝国海軍第一ノ製造所」として、その拡充が図られていった。

まず、明治二十三年度から二十九年度にいたる八年間で計二一六万余円の巨額の資金が投入され、造船部のドックや諸工場が建設された。一方、兵器部の拡充は政府と議会の対立もあってなかなか進まなかったが、日清戦争を機に仮設呉兵器製造所が建設され、三十年五月には呉海軍造兵廠《ぞうへいしょう》に拡充改組された。そして、三十六年十一月、造船廠（造船部の後身）と造兵廠は呉海軍工廠に統合された。

呉海軍工廠は世界有数の巨大軍需工場として発展した。その巨大さは職工数によっても推《お》し量《はか》ることができよう。当初（二十三年当時）の職工数は造船部五三三人、神戸の小野浜分工場七九七人に過ぎなかったが、日清戦争を経た二十八年には三三四二人、三十四年には一万一〇八一人へとふくれ上がり、日露開戦必至の情勢のもとで大繁忙期を迎え、戦争当時は一時、職工数三万人を超えるほどであった。明治四十年代には二万人前後で推移したが、第一次世界大戦中の海軍拡充計画により職工数は大幅に増大し、

呉市の中心部

てつのくじら館・海上自衛隊呉資料館　住所／呉市宝町５－ 32　交通／ JR 呉駅より徒歩５分

大正十年（一九二二）には三万四〇九五人に達した。

ワシントン軍縮条約・ロンドン軍縮条約と二度にわたる軍縮により、昭和六年（一九三一）には一万六八〇一人と最高時の半分以下となった。しかし、この時期には質的充実が図られ、技術的発展が遂げられた。また、軍縮下にあっても航空機部門の発展はめざましく、大正十年一月、賀茂郡広村（現呉市）に呉海軍工廠広支廠が設立され、航空機の製造・修理などにあたった（大正十二年四月、広海軍工廠として独立）。

その後、満州事変から日中戦争・太平洋戦争へと戦火が拡大するなかで、呉工廠は拡充され、職工数も昭和十一年は三万〇九四七人、十六年には八万六〇〇〇人と推定されるまでにふくれ上がった。

呉工廠は、その建造した艦艇において数々のレコードを記録した。呉工廠が最初に建造した軍艦「宮古」は明治三十年十月進水で、一七七二排水トンであった。明治三十八年十二月進水の巡洋艦「筑波」は一万三七五〇排水トンで、日本最初の装甲艦であった。四十年四月には当時世界最大の戦艦「安芸」（一万九八〇〇排水トン）を進水させ、大正三年三月には世界最初の三万トン台戦艦「扶桑」（三万〇六〇〇排水トン）を、さらに大正十四年四月には世界最初の本格的空母「赤城」を進水させている。

戦時期には海軍の技術の粋を結集して戦艦「大和」の建造に取り組み、昭和十二年十一月起工、十五年八月進水、十六年十二月に完工させている。六万九一〇〇排水トン、四六センチ砲搭載の巨大戦艦であった。

軍港と巨大軍需工場が立地したことにより、平凡な瀬戸内海の村々は大きな変貌を遂げた。のちに呉市を形成する地域の人口は、明治十九年（一八八六）一万五三一八人、呉鎮守府開庁後の二十二年（一八八九）には二万〇五五〇人、日清戦争後の明治二十九年（一八九六）には三万五〇九八人、市制が施行され呉市が誕生した三十五年（一九〇三）には六万〇一一三人となった。その後の発展はさらに急速で大正九年（一九二〇）に一四万九七三三人、第二次大戦末期には軍人・徴用工員を含めると、四〇万人を突破した。

（安藤福平）

広島県が〝移民県〟といわれる理由は？

広島県は、全国で最も移民数の多い県として知られている。移民県としての基盤は、日本とハワイ王国との協約に基づき、移民の送出が行われたハワイ官約移民時代（明治十八〜二十七年）に形成され、以後、アメリカ西海岸地域・カナダ・中南米・太平洋州地域へと移住地を拡大していった。ハワイへの移民送出要因をみると、政治的・経済的・社会的諸要因と移民者自身の要因が考えられ、これらを総合的に考察する必要があるだろう。

政治的要因としては、まず日本・ハワイ両国政府の移民取扱業務責任者（井上馨《いのうえかおる》・益田孝《ますだたかし》・アーウィン）の広島・山口両県に対する政治的配慮が挙げられる。ついで初期の広島県移民が、ハワイの砂糖耕地所有者に労働力として好評で、広島・山口両県が移民募集地として、ハワイ側から指定されることが多くなったことである。初期のハワイ移民に広島・山口両県が圧倒的に多いのは、それが要因といえる。

経済的要因としては、移民の多い地域は、耕地面積が少なく、人口の多い地域で、労働力の吸収力が大きく、経営効率の良い商品作物（綿・いぐさ・藍など）栽培の盛んな地域であった。とくに綿作地域は、開国による外国綿花の輸入により大打撃をうけ、多数の失業者を生み出していた。その上、明治十五年以降の松方デフレによる経済不況による打撃も大きかった。

さらに明治十六～十九年にわたる干害、暴風雨による自然災害により生活困窮者の増加に拍車をかけ、小作農・零細農が増大し、多数の失業者と失業予備軍を生み出した。

一方、移民の多い地域は、浄土真宗の信者が非常に多い地域で、人口が多く、農地が少ないため、江戸時代から国内各地への出稼ぎが行われていた。とくに明治・大正期には、広島県は、九州の炭鉱地帯と関西の紡績工場への主要な労働力供給県となっている。

このような出稼ぎの風土が、海外への出稼ぎである移民を容易にする社会的要因として左右したことは否定できない。

移民の動機をみると、(1)ハワイの賃金が非常に高く魅力があった、(2)借金の返済・生活費補充を目的に渡航した、(3)移民の送金・持帰り金によって刺激をうけた、(4)移民した家族・友人・隣人からの勧誘によった——などが挙げられる。ハワイ官約移民以後、地縁・血縁による移民情報のネット化が進展し、特定の地域からますます多数の移民が送出されるようになり、全国第一位の移民送出県となった。ハワイ北米地域の移民で、広島県移民が、移民制限が厳しくなる以前に、一定の基盤を築いていたことも大きな要因といえる。

(児玉正昭)

原爆ドームは戦前には何と呼ばれていたの？

平成八年（一九九六）、「原爆ドーム」の世界遺産登録が決定された。世界の貴重な文化遺産と自然遺産を保護し、次世代に継承することを目的とする世界遺産のなかで、原爆ドームは異彩を放つ。「二度と、このような過ちを繰り返すまい」という誓いのシンボルとして、いわば「負の遺産」と呼ばれる所以《ゆえん》である。

爆心地の西北約一六〇メートルの至近距離にあったにもかかわらず、なぜ原爆ドームが今のような姿で残っているのだろうか。まず、「原爆ドーム」本来の誕生から見ていこう。

大正四年（一九一五）、広島市の繁華街、元安川《もとやすがわ》沿いに「広島県物産陳列館（のち広島県産業奨励館）」が竣工《しゆんこう》した。設計はチェコ人の建築家ヤン・

原爆ドーム（広島平和記念公園内）

レッツル。水辺を意識したウォーターフロント建築の魁《さきがけ》、華麗な建物だった。広島ほどデルタを意識させる都市は、他に類を見ない。原爆ドームは、都市構造から見てもまさに象徴的である。大田川の本《ほん》川《かわ》が二手に分かれる場所、それゆえ現在はT字型（被爆当時はH字型）の相生橋《あいおいばし》が架《か》かっている。館竣工の翌年の大正五年開催の物産共進会の折りに、ドームや屋根を豆電球でライトアップした写真まで残っている。

館は県物産の展示・即売のほか美術展や博覧会など文化事業にも利用された。また第一次世界大戦中に中国で日本軍

広島平和記念公園　住所／広島市中区大手町・中島町　交通／JR広島駅から路面電車で「原爆ドーム前」下車、徒歩５分

の捕虜となり、広島市内から一望できる似島《にのしま》にあった捕虜収容所に収容されていたドイツ人カール・ユーハイムが、大正八年、日本で初めて館でバウムクーヘンの製造販売を行った。

太平洋戦争終結の十日前、昭和二十年八月六日、人類史上最初の原子爆弾が広島に投下された。爆風と熱線により館の大部分は破壊されたが、中心部分は倒壊を免《まぬか》れ、頂上の円蓋鉄骨は残った。

いつしか市民から「原爆ドーム」と呼ばれ、悲惨な思い出だからこそ保存しようという声が高まり保存募金が始まった。その想いが世界遺産登録につながったのである。

（池田明子）

第 2 章　考古・民俗編

帝釈峡・雄橋（庄原市東城町）

帝釈峡の洞窟では生者と死者が同居した?

石灰岩地帯として知られる県の北東部・帝釈川《たいしやくがわ》一帯は、川の浸食作用でできた洞窟《どうくつ》や岩壁の上部が張り出して庇《ひさし》のようになった岩陰《いわかげ》がいたるところに存在し、名勝地「帝釈峡」の独特の風景をつくりだしている。

この洞窟や岩陰が、縄文《じようもん》時代の住居として利用されていた。広島大学を中心とする長年にわたる学術調査で、この一帯約二〇キロメートル四方の範囲に五〇カ所を超える洞窟や岩陰の遺跡が明らかとなっている。これらは帝釈峡遺跡群として広く知られている。

こうした洞窟や岩陰を利用した住居は、世界的に有名な北京原人《ペキンげんじん》の猿人洞《えんじんどう》などでも知られるように人類史上最も古い住居形態であるが、日本の縄文時代には、平地や丘の上に営まれた竪穴《たてあな》住居が一般的で、洞窟や岩陰を利用した住居は少ない。ところが帝釈峡遺跡群では自然の地形を利用した洞窟や岩陰の住居が、縄文時代の約一万年間にわたって使われていた。これらは自然地形をそのまま利用するのではなく、洞窟や岩陰の前に柱を立てて小屋掛けをしたり、内部に仕切りの壁を作ったりして、寒い冬でも快適に暮らせるような工夫をしている。また帝釈峡の洞窟や岩陰は、住居ばかりでなく死者を埋葬する墓や祈りの場所としても利用されていた。墓や祈りの施設は、住居とほぼ同じ時期に営まれた可能性が考えられており、もし、そうだとすれば、帝釈峡の洞窟や岩陰では、生者と死者が同居して暮らしていたことになる。

現代人にはちょっと薄気味悪いこうした暮らしぶりも、死者の世界を他界とは考えない縄文人の独特の生死観からすれば、死者の魂《たましい》と一緒に暮らすことは当たり前のことであったようである。このような洞窟や岩陰の暮らしは、旧石器時代にさかのぼる可能性が高く、帝釈峡の遺跡群では、これまでの調査では発見されていない確実な旧石器時代の遺構を求めて今も発掘調査が続けられている。

（伊藤　実）

神石高原町歴史民俗資料館　住所／神石郡神石高原町永野　交通／JR東城駅よりバスで「神龍湖」下車

三次にある四隅突出型墳丘墓ってどんな形？

弥生時代の後期ごろ（一〜二世紀）、山陰地方から北陸地方にかけて方形の墳丘の四隅を突出させた特異な墳墓がつくられる。

四隅突出型墳丘墓《よすみとっしゅつがたふんきゅうぼ》と呼ばれるこの種の墓は、突出部の意味やその起源、分布の地域性、さらにはその後の発展形態などについてさまざまな議論のある謎の墳墓である。

突出部を人や魂《たましい》の通路と考える説や結界説、四隅突出の起源を朝鮮半島の墳墓とその思想に求める説のほか、突出部が、のちの前方後円墳のヒントになったと考える説など興味深い説が出されているが、いずれも定説とはなっていない。

現在のところ、この種の墳墓で最も古いものが発見されているのが、山陰

三次市市街地

陣山墳墓群

四隅突出型墳丘墓の矢谷墳丘墓

広島県立歴史民俗資料館　住所／三次市小田幸町 122　交通／ JR 三次駅下車

地方に近い中国山地の三次盆地《みよしぼんち》である。三次市の陣山墳墓群《じんやまふんぼぐん》など三カ所の遺跡で中期後半ごろ（紀元前一世紀）のものが見つかっている。

なかでも最も形の整ったものが陣山三号墓で、明確な突出部があり、その傍《かたわ》らに塩町式土器と呼ばれる三次盆地に特徴的な中期後半の土器が供えられていた。その他の殿山《とのやま》三八号墓や宗祐池西《むねすけいけにし》一・二号墓にも塩町式土器の壺や脚付鉢《きゃくつきばち》などが供えられていたことから、古い四隅突出型墳丘墓と塩町式土器の関係が注目されている。

塩町式土器は、三次市の塩町遺跡を代表とする弥生中期後半の土器で、注《そそ》ぎ口《ぐち》の付いた大型の脚付鉢や絵画土器のほか、日常の壺《つぼ》や甕《かめ》・鉢《はち》にまで文様を多く施《ほどこ》し、文様が少なくなる他地域の同じ時期の土器に比べると少し異色の土器である。

その分布域も広島県の北部を中心に中国山地中央部に集中しており、これと四隅突出型墳丘墓の最も古いものの分布の中心が重なるところから注目を集めている。

今のところ、この塩町式土器の成立と四隅突出型墳丘墓の発生が密接に関《かか》わっていたと推測され、塩町式土器が近年比較的多く見つかっている出雲《いずも》地方を含めて、山陰中央部から三次盆地を結ぶあたりで四隅突出型墳丘墓が最初に形成されたことはまちがいないものとみられる。

（伊藤　実）

瀬戸内海の高地性集落は、「倭国大乱」のあかし？

邪馬台国《やまたいこく》や卑弥呼《ひみこ》の記事で有名な中国の歴史書『三国志魏書東夷伝倭人条《ぎしょとういでんわじんのじょう》』（いわゆる魏志倭人伝）には、女王卑弥呼が擁立《ようりつ》される前とその死後の二回にわたって倭国で戦乱があったことが記されている。

とくに卑弥呼擁立前の戦乱は、別の歴史書『後漢書東夷伝《ごかんじょ》』にも「倭国大いに乱れ……」と記され、後漢の桓帝《かんてい》と霊帝《れいてい》の間（西暦一四七～一八八年）に起こったとされている。これが一般に「倭国大乱《わこくたいらん》」と呼ばれているものである。

中国の歴史書に記された二世紀後半ごろ（弥生時代後期）の倭国の戦乱を裏付ける証拠の一つが、弥生時代特有の集落形態といわれる高地性集落である。農耕に不便な山頂や山の斜面に営まれた高地性集落は、戦国時代の山城の例を引くまでもなく、戦乱の時代にあって敵の監視や味方の防御《ぼうぎょ》を固めるための集落形態と考えられている。

　こうした集落は、瀬戸内海の沿岸部を中心に九州から関東地方まで広い範囲にみられるが、とくに西暦紀元前後ごろと考えられる中期後半以後の瀬戸

高地性集落、恵下山・山手遺跡群の復元住居と住居跡（広島市安佐北区）

恵下山・山手遺跡群　住所／広島市安佐北区落合３丁目・真亀３丁目　交通／JR玖村駅から徒歩 10 分

内海沿岸地方に多い。

なかでも狭い海域に大小の島々がひしめく芸予諸島《げいよしょとう》や備讃諸島《びさんしょとう》などに集中する傾向があり、こうした高地性集落のあり方から、北部九州勢力と近畿勢力が瀬戸内海で対峙《たいじ》したとする大胆な説も出されている。しかし弥生時代の瀬戸内海で、大規模な戦乱があったとする他の証拠はとぼしい。

むしろ弥生時代中期後半以降、銅鐸《どうたく》や鉄器の原料として大陸から瀬戸内海を通って東方に運ばれる銅や鉄などの貴重な物資を目当てに、その流通経路を見張った集落が多く含まれていると考えたほうが理解しやすい。

鉄や青銅、ガラスなど弥生時代の後半期に広く西日本に普及する大陸渡来の物資の多くは、瀬戸内海などの海路を通って各地に運ばれたものである。これらを手に入れるための最も有効な手段の一つとして、貴重な物資を積んだ船の航路監視を大きな目的とした集落が高地性集落であったとみられるのである。

（伊藤　実）

たたら製鉄はいつから始まったの？

砂鉄を採取して、これを製錬《せいれん》し、鉄をつくる日本独特の鉄主産は、いつごろから始まったのだろう。鉄の道具が使われだした弥生時代には、鉄の素材を朝鮮半島から輸入して日本で加工していたことがわかっている。

三世紀ごろの朝鮮半島南部のようすを記録した『三国志魏書東夷伝弁辰条《ぎしょとういでんべんしんのじょう》』には「弁韓《べんかん》や辰韓《しんかん》には鉄が産出する、韓《かん》・濊《わい》・倭《わ》の人たちが、この鉄を取りに来る……」と記されている。弁韓や辰韓は当時、朝鮮半島南部にあった国で、この記録からも、日本（倭）の人たちが朝鮮半島の鉄資源に依存していたことがわかる。

鉄づくりは、原料の砂鉄や鉄鉱石を溶解《ようかい》して鉄塊《てっかい》をつくる製錬《せいれん》の工程と、その鉄塊をさらに溶解したり熱したりして精製し、鉄板などの鉄素材や鉄器をつくる精錬《せいれん》（鍛冶《かじ》）の工程に分けられる。たたら製鉄とは主に前者の製錬の工程を指し、問題は、この製錬の始まりがいつかということである。

現在のところ、確実に砂鉄や鉄鉱石を溶解した製錬炉が見つかった遺跡は、広島県の白ケ《しらが》迫《さこ》製鉄遺跡《せいてついせき》（三次市《みよし》）や岡山県の大蔵《おおぞ》池南《いけみなみ》遺跡《いせき》（津山市久米《くめ》

13世紀～14世紀ごろのたたら製鉄の遺跡・坤束（こんそく）製鉄遺跡の復元された製鉄炉と、たたら製鉄でできた固結滓（鋼などを含む鉄滓のかたまり／山県郡北広島町）

鉄のふるさと公園（製鉄遺跡・製鉄場の復元）　住所／山県郡北広島町都志見　交通／広島バスセンターから琴谷行きバスで「龍頭山登山口」下車、徒歩３分

町《ちょう》）など古墳時代後期の六世紀のものが最古である。また鉄滓《てっさい》と呼ばれる製鉄の際に出る鉱滓《こうさい》（カス）の成分分析などでは、製錬の証拠である製錬滓は五世紀ごろのものが最古である。

このようなことから、日本のたたら製鉄の存在は、今のところ古墳時代後期の六世紀ごろまでしか実証できず、さかのぼっても古墳時代中期の五世紀までということである。

しかし、それより以前の弥生時代に鉄製錬（たたら製鉄）の起源があると考える説も根強く存在する。それは弥生時代後期（二〜三世紀）ごろの急速な石器の消滅と鉄器の普及の背景として、朝鮮半島からの鉄素材の輸入を補《ほ》完《かん》する形で、日本国内でもわずかながらでも鉄鉱石や砂鉄を利用した鉄製錬が開始された可能性を考えるものである。はたして将来、弥生時代の確実な製錬炉が発見されるのか、大いに期待されるところである。

（伊藤　実）

ヤマタノオロチの前身は美女だって?

山県郡北広島町《やまがたぐんきたひろしまちょう》芸北神楽《げいほく》のクライマックスは「八岐大蛇《やまたのおろち》」である。しかも人びとは素盞嗚尊《すさのおのみこと》より退治される大蛇の演技に魅《み》せられる。

昔、神代のころ、一人の若い神様が出雲から可愛川《えのかわ》沿いに上根《かみね》(現安芸高田市八千代町)の地にやって来て、葦原《あしはら》を開墾《かいこん》していた。そのころ、また若くして美しい女の神様も出雲からやって来て開墾している神様と出会い、二人は夫婦になって仕事にはげんだ。

ある日の仕事後、井戸端で洗濯していた女神は銀のかんざしを井戸に落とした。大きな水音に男神が飛び出してみると、井戸の中で一匹の大蛇が銀のかんざしを口にくわえて這《は》い上がろうとしていた。

女神は正体を見破られた悲しさから男神が肌身離さずもっていた剣を飲み

山県郡安芸太田町加計の長尾神社で行われた神楽「八岐大蛇」

芸北民俗芸能保存伝承館　住所／広島県山県郡北広島町有田1234　交通／広島駅よりバスで「千代田」下車

安芸高田市神楽門前湯治村の神楽ドーム

こむと、炎を吐きながら出雲へ下っていった。剣は天叢雲剣《あめのむらくものつるぎ》、火を吐きながら通った跡に出来た川を火の川（簸《ひ》の川）、その大蛇こそ後に八岐大蛇になったのだという。

昔、山県《やまがた》郡の山奥（山県郡安芸太田《あきおおた》町《ちょう》戸河内《とごうち》）で一人の炭焼きが暮らしていた。そこへ一人の女が現れた。聞けば「私の一生添う人は安芸国の山奥で炭焼きをしている」との占いを信じ、はるばる紀州からやって来たという。炭焼きは断ったが、それでもということで結婚し、幸せな生活をしていた。

ところが、この女の身体が冷たいこと

と、夜中にこっそりと家を抜け出すことが、男には不安であった。ある夜、女の後を尾行した。すると、大蛇になって温井《ぬくい》（現山県《やまがた》郡安芸太田町加計《かけ》）の淵へ入り、大勢の仲間の蛇とガヤガヤと話していた。翌朝、女は正体が知れたことを悲しく思い、簸の川上のヤガタガ池へ行くといって出ていった。この大蛇が後の簸の川上の八岐大蛇になったという。

その温井の大蛇伝説は、豪農の「女中」と「下男」の話になっている。夜中抜け出す女中の着物に結びつけた糸をたどって下男は、女中が江の淵で大蛇になる姿を見る。ただし、これには八岐大蛇への転化のくだりはついていない。

（藤井　昭）

『日本書紀』にもある「浮鯛」現象って何？

三原市幸崎町《さいざきちょう》能地《のうじ》沖では、三月から四月にかけて大潮の前後一週間、浮鯛現象がみられる。この時期に限って潮流に変化が起きる理由は未詳である。浮流する鯛を漁民が網ですくい取る。豊漁と海上安全を念じての沖祭り・沖の小島祭りをしてから、浮幣社《うつぺいしゃ》で俎板《まないた》岩に供えられた鯛を料理して神酒とともにいただく。

『日本書紀』は養老四年（七二〇）、舎人《とねり》親王や太安万侶《おおのやすまろ》らが撰進《せんしん》したわが国最初の正史である。その巻八の仲哀《ちゅうあい》天皇二年六月庚寅《（十日）》条に次の記事がみえる。

仲哀天皇の皇后（神功皇后《じんぐうこうごう》）が渟田門《ぬたのと》に至られ、船上で食事をしている時に鯛魚《たい》が多く船傍《ふなばた》に集まったので、皇后は酒を鯛魚にそそがれたところ、鯛

鞆の浦港の鯛網（広島県提供）

魚は酔って浮いた。時に海人は多くその魚を獲って大変喜んだ。その所の魚は六月になると、常に傾いて浮かび、酔っているようにみえる。それは、このような縁によるものである。

　渟田門は沼田《ぬた》に通じ、現在も浮鯛現象のみられる能地沖に比定してよいであろう。皇后に鯛を献上した老婆《ろうば》にちなむ老婆《うばく》社も現存している。そして『日本書紀』の浮鯛現象は一三〇〇年を経た現在におよんでいる。その原因の科学的解明は十分に行われておらず、不思議というほかはない。

　なお、当地や出村の有力農民には「浮

浮鯛祭り　毎年４月中旬、三原市幸崎の能地漁港の沖合で開催（お問い合わせ先：0848-64-2111〈三原市役所〉）

鯛抄」という近世の巻物を有する者が少なくない。

その内容は、『日本書紀』の浮鯛記事を要約したものであるが、他領へ出漁する場合、自分たちの漁業慣行は神功皇后にさかのぼるくらい古いことを相手方に認めさせる効果を有した。

能地は「瀬戸内海漁業発祥の地」との伝承を有し、内海に一〇〇以上の分村を出している。

（藤井　昭）

三次市須佐神社の大神輿は一・五トンもある⁉

神輿《みこし》は神が移動するのに用いる乗り物である。

この大神輿は「小童《ひち》の祇園さん」と呼ばれる三次市甲奴町《みよししこうぬちょう》須佐神社に蔵されている。かつて祇園社領小童保《ひちほ》の中核をなす神社であった。例祭は旧六月十三日から十六日であったが、七月十四日から十六日へと変わり、さらに現在は七月第三日曜日へと移っている。

大神輿は、「オオゴリンサン」ともいい、八角形で、重量は一・五トンもある。普通の神輿は四隅に柱を立てて内部を一室とした構造であるが、この大神輿は八角形の平面を持ち、中央に心柱が立っている。

古くは、この心柱に神を祀《まつ》ったのかもしれないという。内部の墨書から永正十四年（一五一七）造立である。当初は山伏《やまぶし》がかついだというが、寛文八年（一六六八）からは台車にのせられて移動するようになった。『西備名区《せいびめいく》』によると、「祇園貝」という修験者《しゅげんじゃ》の吹く大法螺貝《ほらがい》が先導していたという。

大神輿の出番は本来、次のようになっていた。

・一日氏子の忌指調　七日道作り　十日
大神輿清め
（府中市上下町《じょうげちょう》の祇園井の水を使う）
・大神輿の綱打ち
（神宮寺で村内から一本ずつ寄進されたもので調える）
・十四日御旅所武塔社へ渡御
・十六日還御

である。
この祭りは災厄疫病を起こす怨霊を鎮魂し、稲のすこやかな生育を祈るもの

須佐神社の大神輿

須佐神社　住所／三次市甲奴町小童 1072　交通／ JR 甲奴駅より車で5分

という。

芸備地方で現存する神輿としては、もっとも古いものであるが、神輿の所在した記録としては貞和二年（一三四六）までさかのぼることができる。尾道《おのみち》の「浄土寺文書」によると、当時、尾道浦は浄土寺放生《ほうじょう》の地で、殺生《せっしょう》禁断とされていた。しかし備後国一宮の吉備津《きびつ》神社（福山市新市町《しんいちちょう》）の供菜人《ぐさいにん》（神前へ新鮮な魚や野菜などを供える人）などは納得せず、浄土寺へ神輿を担いで押しかけようとしたので、不穏な動きとして止めるように沙汰が出ている。

もっと古い神々は神輿には乗らず、天空地中を意のままに移動していた。

（藤井　昭）

『備後国風土記』にも記される
現存の行事とは?

『風土記《ふどき》』は和銅六年(七一三)、詔《みことのり》によって諸国に地誌を書き出すことを命じたものである。現在、完本として残るのは『出雲《いずも》国風土記』のみで、常陸《ひたち》・播磨《はりま》・豊後《ぶんご》・肥前《ひぜん》のものは一部分が伝わっている。ところが、鎌倉末期に成立した『日本書紀』の注釈書である『釈日本紀《しやくにほんぎ》』に、「備後国風土記」の一部が収められているのである。大要次のとおりである。

疫隅《えのくま》の国社の話として、昔、北の海の武塔神《ぶとうしん》が南の海の神の女子によばいに出られた時、この地で日が暮れた。ここに二人の将来がおり、兄の蘇民《そみん》将来ははなはだ貧しく、弟の(巨旦《こたん》)将来は富饒《ふじよう》で屋倉が一〇〇あるほどであった。武塔神は宿所を借りようとされたが、弟将来は惜《お》しんで貸さず、兄蘇民将来は貸した。粟柄をもって座とし、粟飯をもって饗《きよう》したのである。その後、武塔神は年を経て、八柱のみ子を率いて帰ってこられ、「我、将来に報いたい。汝の子孫はその家にいるか」と尋ねられた。蘇民将来は「己《おのれ》が女子とこの婦がいます」と答えると、「茅《ち》の輪《わ》を腰の上に着けしめよ」と申された。詔のままに着けさせていると、その夜、蘇民将来の女子一人を除いてみな滅ぼされた。そして「われは速須佐雄《はやすさのお》の神である。後世に疫気あらば、蘇民将来の子孫といいて腰に茅の輪を着けたる人は免《まぬか》れる」と詔された。

備南地方各社の大祓式《おおばらいしき》に「茅の輪くぐり」をする所が多い。疫隅の国社は現在、どの神社に比定できるのであろうか。『福山志料』は「備後国風土記」逸文にみえる疫隅社に福山市鞆町の祇園社をあてている。同社は式内社《しきないしゃ》沼名前《ぬなくま》神社と合している。『神社志料』は福山市新市町《しんいちちよう》戸手の素盞嗚《すさのお》神社ほかをあげている。

芸北神楽の演目「鍾馗《しようき》」では、鍾馗が疫神の正体を見破るのに直径一、二尺の茅の輪を片手に持ち、これからのぞき見る。厳島神社御島巡《おしままわ》り式でも上陸のたびに茅の輪くぐりをしている。

（藤井　昭）

素盞嗚神社　住所／福山市新市町大字戸手1－1　交通／JR上戸手駅より徒歩5分

僧侶と神職が同席する田植えがある場所とは？

神仏分離は、明治の初め、政府主導で行われ、それに連動して廃仏毀釈《はいぶつきしゃく》運動が盛んになったことはよく知られている。しかし、中国山地に分け入ってみると、民俗行事にまで徹底したとはいいがたい例がいくつも見られる。

大山供養《だいせんくよう》田植は、牛馬信仰の盛んな大山信仰圏に分布している。広島県では備北地方である。ここでは安芸《あき》地方の花田植にあたる太鼓田の前に大山供養という牛供養行事を行う。

神石郡神石高原町豊松《じんせきぐんじんせきこうげんちょうとよまつ》川東に例をとる。当日、花宿（当屋）へ絣《かすり》の着物に太鼓帯《たいこおび》、赤い襷《たすき》をつけ、手拭いの上に編笠を被った早乙女《そうとめ》、油単を背から両側に垂らし、首玉を飾り、塗り鞍を背にし、幟《のぼり》を立てた代掻《しろか》き牛が集まる。庭で田植踊り後、簡単な饗応《きょうおう》を受けて道行きとなる。露払いの後は一番以下の牛が続く。お羽車《はぐるま》の大山《だいせん》さん・神職《しんしょく》・僧侶《そうりょ》・囃子《はやし》・早乙女《そうとめ》の順に進む。

田の周囲には注連縄《しめなわ》が張られ、その入り口に供養棚が設けられている。正面三間、奥行一間で、高さ一間の所へ床を張る。中央一間分が通路で、床上

塩原大山供養田植え

大山供養田植（国指定重要無形民俗文化財）　4年ごとの5月31日に公開。次回は平成26年（お問い合わせ先：08477-2-5221〈庄原市教育委員会東城教育室〉）

の右側が神職の座である。大山祇神《おおやまつみ》を祀《まつ》り、烏帽子《えぼし》・狩衣《かりぎぬ》姿の神職が大祓《おおはらえの》詞《ことば》や祝詞《のりと》を唱える。左側が僧侶の座で、智明大権現《ちみょうだいごんげん》を祀り、大般若経を転読する。一番牛から「棚くぐり」を始めると、神職は祝詞を唱えながら大幣を振って清め、大山さん祈禱《きとう》の木札と小幣《こぬさ》を授ける。僧侶は大般若経を読みながら一巻ずつ鞍《くら》へ結びつける。

代掻《しろか》きは一番牛に従って進む。一代終わると、二番牛が先牛となり、十番牛までは必ず一度は先牛になる。代掻きには鋤《すき》はつけない。太鼓を左肩から吊《つ》ったサゲは本サゲ（指揮者）を中央にして一列に並ぶ。早乙女はサゲの上歌にあわせて下歌をつけながら、後退して苗を挿《さ》す。

現在、塩原（庄原市東城町《とうじょうちょう》）、八鳥《はっとり》（同市西城町《さいじょうちょう》）、比和（同市比和町《ひわちょう》）にも大山供養田植が行われ、神仏習合の姿をとどめている。

（藤井　昭）

イザナミノミコトの御陵は なぜ比婆山にあるの？

『古事記』によれば、男神イザナギ（伊邪那岐）、女神イザナミ（伊邪那美）の両神は、混沌《こんとん》たる世界に降り立ち、大八洲《おおやしま》国を次々と生み、天地自然の物体や現象の神々を生み、海神・水分《みくまり》神・風神・水神・木神・山神などを生み、最後に火神カグツチを生んでからイザナミは臥床《がしょう》し、ついに神去《かんさ》られたという。イザナギは死をいたみ、たいそう悲しまれた。葬所は、出雲と伯伎《はくき》の国境比婆山《ひばやま》であると記している。

『出雲国風土記』は、この神話についてとくにふれていないが、出雲では、能義《のぎ》郡日波山、仁多《にた》郡比布山、灰火山、御坂山などが挙げられている。『芸藩通志』は「比婆は比和にてもあらんか、昔は比波とも書けり」とし、神話地名と現地名の関連性を説く。『西備名区《せいびめいく》』は「御陵の在所は比婆山の中、神都の跡と言へる北の方なる丘にて（中略）御陵と申は此処《ここ》にも又高く平かなる処に径《わた》り五六丈計《ばか》りともみゆる冢《つか》の如くなる処あり」とする。

比婆山は一二六四メートルで、別名を美古登《みこと》山という。昭和十六年（一九四一）、比婆山伝説地として広島県史跡に指定された。

比婆山伝説地（庄原市西城町）

比婆山には東南西北に遙拝所《ようはいじょ》があり、その南の遙拝所が熊野神社である。同社は比婆大神社の別名を有している。創建は未詳であるが、和銅六年（七一三）までは比婆大神社を称していた。その後、嘉祥元年（八四八）、

比婆山　住所／庄原市西城町油木　交通／JR 備後落合駅より車（要予約）で 20 分

熊野神社を称するようになったと伝える。毎年七月二十八日に山上で御陵祭を執行している。社叢《しやそう》は一〇〇本以上の巨杉からなり、壮観である。

山頂付近にはブナ純林があり、聖域にふさわしい景観を形づくっている。一帯には、「なきはた」「火避《ひよ》け穴」「千引《せんびき》岩」「飛び越し岩」「越原《おつぱら》」「幸《ゆき》」「御井《みい》」など神話から派生した伝承が数多く現存している。比婆郡は比婆山にちなむ郡名で、明治三十一年（一八九八）、三上《みかみ》・奴可《ぬか》・恵蘇《えそ》三郡を合して成立した。比婆郡は現在は庄原市に含まれる。

（藤井　昭）

華麗な花田植の囃子のルーツをたずねると……

壬生《みぶ》の花田植（山県《やまがた》郡北広島町）は、豪華絢爛《けんらん》さと規模の大きさでは近郷随一である。花牛は唐獅子《からしし》や飛竜の浮き彫りに金銀箔を置いた花鞍《はなくら》をのせ、大幟《おおのぼり》を立て、大造花をつける。背には金銀刺繡《ししゅう》の蒲団《ふとん》をのせ、首には首玉を巻いた牛数十頭が、代掻《しろか》き歌の中、田を進む。

囃子手《はやして》は大太鼓《おおだいこ》を腰から腹部に吊《つ》り、桴《ばち》で打つ。その打ち方は上体を左右前後にくねらせたり、桴を投げ上げるなど変化に富む。これに小太鼓、横笛、鉦《かね》が加わり、盛り上げる。

早乙女《そうとめ》は紺の絣《かすり》の単衣《ひとえ》か浴衣《ゆかた》を着、赤襷《あかだすき》をかけ、脚絆《きやはん》と手甲《てつこう》をつける。頭は、ねえさん被《かぶ》りの上に菅笠《すげがさ》を被った。

サンバイさんはサンバイ竹を叩《たた》いて全体の指揮をとる。服装は囃子手《はやして》と同

壬生の花田植（広島県提供）

壬生の花田植え　毎年６月第１日曜日に開催（お問い合わせ先：050-5812-5088〈芸北民俗芸能保存伝承館〉）

じである。

田植歌には、朝歌・昼歌・晩歌の三区分があり、それぞれ式一番から四番まであり、一二区分となる。これは一年十二カ月を表すという。サンバイさんは、早乙女の仕事具合をみて歌を選んで、田植の効率をあげようとする。

壬生の花田植、花牛（広島県提供）

音楽の指揮者は労働規律の管理者であった。

花田植の起源が中世に上ることには異存はない。大山寺《だいせんじ》縁起絵巻などは、そのことを示している。しかし十六世紀の古文書をみると、にぎやかさ、楽しさは少なく、大地主の田植のための人と牛の徴発の側面が強くみられる。

天文十六年（一五四七）十一月吉日の大願寺《だいがんじ》領所務帳によると、「一とうけ（塔下）こなしもの（小成物）の事　五月四日　田うゑ牛懸（うしかけ）あり、てさく（手作）の時ハ牛家なミにあり、人夫も家なミにあり、ひる一度食あり」とある。

小成物は税の一種で、塔下殿《とうげどの》という現地役人の大田植には、牛も人夫も家を単位に徴発できることになっていたのである。ただ昼食は提供せよとしている。

塔下（廿日市市）、久島郷（同）以外でも田植への出夫は一種の税として義務づけられていた。その人夫を束ねるのがサンバイさんの指揮する音楽になったのであろう。

（藤井　昭）

コラム

メディア戦争　広島の陣

メディアを知りたいなら、まずその土地の代表的な新聞を探るのがはやい。テレビもラジオも新聞とむすびついているのが通例だからだ。

広島県の場合、代表的な新聞は中国新聞だが、地方紙の雄とはいえ必ずしも一国一城の主ではない。広島県には福山市で六二年の歴史をもつ太陽新聞があり、備後地域の支持をうけている。ほかにも中国新聞の敵ではないものの、数社のウイークリー紙もある。

中国新聞の「Cue」「Cue ＋」「旅 Cue」などのフリーペーパー、イベント会場へ「ちゅーぴー号」を走らせ、その場でミニコミ紙を発行してしまうという移動新聞社的な試みは電波メディア時代を逆手にとったもので、県内他紙にまねできないところだろう。中国新聞のほんとうのライバルは、いわゆる五大紙（朝日、読売、毎日、産経、日経）と岡山の山陽新聞だ。紙のメディアと電波のメディアは容易にむすびつく。日本の民放誕生もおなじような経緯をたどってきた。五大紙とむすびついた五つのテレビキー局が生まれ、地方に多くの系列局を誕生させていった。つまり中央の電波は地方の「紙」メディアともむすびつくこととなった。

広島県のテレビ局は、「NHK」は別として、中国新聞は「中国放送」（TBS・毎日新聞）の筆頭株主であり、「広島ホームテレビ」（テレビ朝日・朝日新聞）の大株主でもある。対抗するのが「広島テレビ放送」（日本テレビ・読売新聞）、「テレビ新広島」（フジテレビ・サンケイ新聞）の2局だ。ラジオ局、ケーブルテレビ局もあるが、とりあえず主力はテレビ。まずは4局で安定したまま〝西部戦線異状なし〟といくかにみえるが、東部の備後地区では「テレビせとうち」（東京放送・日経新聞）を受信できる。この局の筆頭株主は山陽新聞だ。強みは広島をふくめて瀬戸内沿岸にはない東京放送の系列ということだ。混戦はますますその色を濃くしていく。（小島敬子）

第3章　人物編

復元された本因坊秀策の生家（尾道市提供）

毛利元就は筆まめだったって本当？

毛利元就《もうりもとなり》は生涯に数多くの自筆書状を認《したた》めている。これは戦国大名の中ではきわめてまれなことであった。秋山伸隆氏の調査に従うならば、毛利元就の自筆書状は少なくとも二七〇通近くが確認できる。

自筆書状の中には三、四行の短いものから、二メートル八七センチに達する長いものまである。毛利元就は、このような長い長い書状を認めたときも、流れるような筆の運びで、よどみなく一気に書き上げている。ゆえに、毛利元就は「筆まめであった」と評される。また、彼の知力・体力が人並みはずれたものであったことが窺《うかが》える。

だが、筆まめと評された毛利元就も、自筆の書状を与える相手は息子・孫・妻・近臣など狭い範囲に限られていた。毛利元就が認めた二七〇通近くの自筆書状のうち、日付のある半ば公的な書状は日付のない内状（内々の書状）の六分の一程度にしかならない。また、日付のある半ば公的な書状も元《もと》春《はる》や隆元《たかもと》など息子宛《あ》てのものが大半で、残りの書状も孫の輝元《てるもと》や近臣など身近の人々に宛てたものであった。毛利元就は親しい内々の間柄の人々にしか自筆の書状を出さなかったのである。

しかし、最も親しいはずの隆元・元春・隆景《たかかげ》の三人の息子に対してさえ、毛利氏を継いだ長男隆元宛の書状の数が際立って多く、小早川《こばやかわ》氏という名家を継いだ三男隆景宛のものはその八分の一にしかならない。ところが、毛利氏の勢力圏内にある吉川《きつかわ》氏を継いだ二男元春宛の書状の数は、隆景宛の書状の四倍弱にもなる。毛利元就は三人の息子に自筆の書状を認めるときにさえ、その置かれた立場によって非常に細かな区別をしていたのである。

こうして毛利元就は自筆の書状を息子などの近親者に届けるときさえも、異常とも思えるくらいこまやかな気配り、いや用心をしていたことがわかる。

（松井輝昭）

吉田郡山城跡（毛利元就の居城）　住所／安芸高田市吉田町郡山　交通／JR広島駅・吉田口駅よりバスで「吉田町役場前」下車

広島藩主浅野長晟は碁石を温めていた!?

浅野家といえば、江戸時代の二五〇年間を通じて広島藩の殿様として君臨した。その初代広島藩主が長晟《ながあきら》（一五八六〜一六三二）である。

浅野長晟は次男である。本来なら分家として生涯を終える予定であった。長政《ながまさ》の長男幸長《よしなが》といえば、文武に優れた有能な武将として、世間に知られていた。それに対し長晟は、成人するまで父長政にお金を無心するなど、全くの放蕩《ほうとう》息子である。

幕府編纂の系譜書で『寛政重修諸家譜《かんせいちょうしゅうしょかふ》』という書物がある。長晟が若いころ、「東照宮（徳川家康《とくがわいえやす》）と囲碁ある時、碁石を温めて献ず」という話を伝えている。長政の項を見てみよう。二代将軍徳川秀忠《ひでただ》から「常に召されて囲碁の相手に加えらる」と記載されている。囲碁の相手ならよくわかる。

浅野長晟の別邸庭園、縮景園（広島市提供）

浅野長政といえば、豊臣《とよとみ》秀吉《ひでよし》と諸大名の間を取り次ぐ、いわば秘書官のようなものである。秀吉時代、家康を始めとして多くの諸大名が長政に助けられている。こうした長政は将軍徳川秀忠と囲碁をしながら天下の情勢を語り合う。なんとも想像がつく話である。

　それでは、碁石を温めるとはどういうことだろう？　ちなみに史料では「東照宮、其《その》さかしき事をよみしたまひ、長晟成人の後、つねにその人となりを賞誉あり」と述べている。

　豊臣秀吉が織田《おだ》信長《のぶなが》に仕えて間もない時、草履《ぞうり》を温めたという話が残されて

縮景園　住所／広島市中区上幟町２－11　交通／JR広島駅より路面電車で「縮景園前」下車

いる。草履なら温めておくことで、気を引くことが可能だろう。

けれど、碁石を温めて、いったい、どうしようというのだ。手持ち無沙汰の長晟が、碁石を温めていたのだろう。一手一手を大事にする囲碁にとって、碁石は冷たい方が良いのではなかろうか。

長晟が広島藩主になったのは、大坂夏の陣も終わり、天下の情勢が定まった時期である。徳川幕府は、各地の外様《とざま》大名を目の敵《かたき》のように改易する。前任の藩主である福島正則《ふくしままさのり》も改易された。全国の大名は、改易されるのではと、戦々恐々としていた。伊達政宗《だてまさむね》は、家臣にわざと派手な服を着させて、江戸市中を歩かせている。「伊達者」「伊達じゃない」などといわれる所以《ゆえん》である。

最大の外様大名、前田利常《まえだとしつね》は、わざと鼻毛を伸ばし、「鼻毛の殿様」などといわれている。天下の情勢が決まった時、幕府に披露すべきは、その有能な能力ではなく、徳川に二心がないことであった。長晟は、見事にそれを演じきったのである。

（落合　功）

江戸時代のキャリアウーマン、平田玉蘊とは？

平田玉蘊《ひらたぎょくうん》（一七八七～一八五五）は江戸後期、女性画家として自立した生涯を生き抜いた。一時は年下の恋人と同棲し、シングルマザーとなったが、生涯嫁《とつ》ぐことなく、画業一筋に生きた。プロの画家として生計を立て、母と暮らす女系家族、さらには晩年まで現役で活躍する高齢社会を先取りした。そんな女性の生き方が、二〇〇年前の瀬戸内の商港尾道（尾道市）で、なぜ可能だったのだろう？

それは長い歳月に培《つちか》われた尾道の文化と、当時、北前船《きたまえぶね》寄港地として繁栄をきわめた尾道の富。ことにインテリ豪商たちが玉蘊のサポーターになり、玉蘊は全国から尾道を訪れる文人たちのネットワークに加わることができたからだ。

もちろん、菅茶山《かんちゃざん》、頼杏坪《らいきょうへい》ら、地元の文人も玉蘊の画に賛をし、庇護《ひご》した。茶山が江戸の知人に玉蘊の画を贈ったことは、森鷗外《もりおうがい》著『伊沢蘭軒《いざわらんけん》』にも記されている。杏坪は広島藩の地誌『芸藩通志《げいはんつうし》』に玉蘊関連の詩を載《の》せ、たたえた。

平田玉蘊の墓（尾道市提供）

天保三年（一八三二）、江戸で出版された近世画人名鑑『画《が》乗要略《じょうようりゃく》』二八〇人に玉蘊は選ばれた。さらに翌四年に成った田能《たの》村竹田《むらちくでん》著『竹田荘師友《ちくでんそうしゆう》画録《がろく》』では上巻の六番目に紹介され、全国区で評価されたのである。

が、長く玉蘊は忘れ去られていた。理由は「頼山陽《らいさんよう》の恋人」というスキャンダラスな面ばかり取り沙汰《ざた》され、画業の功績は置き去りになったからだ。頼山陽が皇国史観《こうこくしかん》の流布に利用され、英雄視され、「頼山陽伝」がブームとなったとき、玉蘊は不当に描かれた。そのまま太平洋戦争後は山陽と共に、地元でさえ語られない歳月が続いた。しかし近年、玉蘊忌《ぎょくおんき》（尾道では「ぎょくおん」と呼ぶ）、玉蘊展などにより見直され、再評価の気運が高まっている。「平田玉蘊顕彰会」も設立された。

江戸時代の女性画家は他にもいるが、画業で自活した女性は少ない。まして寺院本堂の彩色障壁画《しょうへきが》を描いたことは、特筆に値する。この快挙をもたらしたきっかけは、尾道の豪商橋本竹下《ちっか》による公共事業の慈観寺《じかんじ》本堂再建にあろう。そして実現に至ったのは、玉蘊が甥を養子（実子は夭折《ようせつ》）として画家に育て、一家を成していたゆえである。

（池田明子）

持光寺（平田玉蘊の墓）　住所／尾道市西土堂町９－２　交通／JR尾道駅より徒歩５分

ハワイ国王に最初に会った日本人とは？

文化四年（一八〇七）六月十七日に長崎港に入港したオランダ船に三人の日本人漂流民が乗っていた。三人の漂流民のうち二人は、入港直後あいついで亡くなったので、水夫《かこ》善松だけが生き残った。この漂流民芸州善松は、ハワイ国王を見た人として記録に残された最初の日本人であった。長崎奉行所の取調書をもとに、帰国までの経緯を見ると、次の通りである。

芸州善松は、安芸国豊田《とよた》郡木谷村（現東広島市安芸津町《あきつちよう》）の出身で、岩国藩御用船「稲若丸」に六人の水夫と共に雇われ、岩国藩士二人計八人が乗船し、藩の特産品（畳表・畳床）を積み、文化二年十一月二十七日、岩国を出帆して江戸に向かった。

同年十二月二十一日、江戸に到着し、数日後、江戸を出帆して途中神奈川

ハワイ、オアフ島

に立ち寄り、同地で越年して帰国の途についた。文化三年一月六日、下田沖を航行中、暴風雨に遭《あ》い、帆柱を折り、太平洋を漂流中、米国船に救助され、同年五月五日、ハワイ諸島のオアフ島に上陸し、ハワイ国へ漂流民として引き渡された。ハワイ国王は、日本人漂流民八人のために、四間に五間くらいの建物を建てて収容した。

当時、漂流民が日本へ帰国するには、江戸幕府と国交のあるオランダや中国の船で、長崎へ送還してもらう方法があった。そのためには、日本行きの船の出発地であるオランダの植民地ジャカルタ（インドネシア共和国の首都）、または中国領の広東《カントン》で、日本行きの船を待つことが一般的な方法であった。

稲若丸の漂流民八人は、文化三年八月十日、中国行きの米国商船がオアフ島に来船したので、それに乗船し、マカオ経由で同年十月、広東に到着した。広東に二カ月滞在したが、日本への帰国ができなくて、広東を出発し、マカオ経由でオランダのアジア進出の拠点ジャカルタに到着した。同地で約百日ほど待機して、文化四年五月十九日、日本行きのオランダ船に乗船してジャカルタを出帆した。漂流民八人のうち二人は、ジャカルタでマラリアに罹《かか》って病死し、乗船した六人のうち、日本へ向かう船中で三人がマラリアで病死、長崎入港直後、二人が死亡し、結局、善松だけ帰国できた。

善松は、長崎奉行所で取り調べをうけた後、出身地の広島藩から派遣された身柄引取人の役人に引き渡され、故郷に送還された。善松は、広島藩主浅野斉賢《なりかた》に呼ばれ、体験したことを尋ねられ、藩主から銀三貫文を賜わり、故郷の木谷村に帰ることができた。善松は翌年七月、病死している。

十九世紀になると、善松のような漂流民で異文化体験をして帰国する者が続出している。その背景には、江戸後期の商品経済の発達に伴う全国的市場の形成と、沿岸交通網の整備により日本沿岸を航行する船舶数の増大とが考えられる。当時の造船技術では、外洋に接する海域で暴風雨による遭難事故も多発し、多数の漂流船や漂流民を生み出した。

一方、国際的にみると、十九世紀になり、ハワイを基地とする北太平洋での捕鯨業が盛んとなり、米国船を中心に多数の捕鯨船が北太平洋に出漁していた。またアジアの中国との貿易を重視する米国商船が太平洋を多数通航しており、十八世紀末から十九世紀初頭には、ロシア船が日本との通商を求めて日本沿海に出没していた。

日本の漂流船・漂流民は、これら外国船に運よく救助される例が多くなった。芸州善松の例は、記録に残っている初期の事例である。

（兒玉正昭）

阿部正弘は〝危機管理の名手〟だった？

平成六年（二〇〇四）、日米和親条約の調印から一五〇年の節目を迎えた。開国を決断した老中首座（今でいう総理大臣）は、三十六歳の福山藩主阿部《あべ》正弘《まさひろ》（一八一九〜五七）である。その後も正弘は、イギリス、ロシア、オランダと和親条約を結び、平和外交を貫いた。

ペリー来航で黒船パニックが起きたのは嘉永《かえい》六年（一八五三）。このとき、ペリーは浦賀に上陸し、奉行にアメリカ大統領の国書（漢文訳とオランダ語訳）を渡し、来春の再来を告げただけで去った。

正弘はすぐに対応にとりかかった。まず受理した国書を和訳させ、早くも二週間後に各界の意見を聴取するための回覧を始めた。この情報公開と世論重視の「老中諮問《しもん》」に、大名から藩士、幕臣、学者、商人と、記録に残るも

福山城内にある阿部正弘像

のだけで七一九通の意見が提出された。一方、大胆な人材登用でブレーンを固め、危機を乗り切る準備を進めた。

嘉永七年、ペリー艦隊の再来。まず浦賀で応接掛筆頭（今の外務大臣）林大学《はやしだいがく》頭《のかみ》とアダムス中佐が会い、名刺を交換した。アダムスの名刺は漢文で書かれている。日本側は会見場を横浜へ移す幕府の決定を伝えた。

二月十日、ペリーは二度目の上陸、仮設の大広間に双方が着席したとき、祝砲が鳴り響いた。二日前にペリー側から祝砲を打つという提案があり、すぐ受けて、「祝砲を打つから心配無用」という高札

福山城博物館　85ページ参照

が立てられた。庶民は「祝砲なら合戦はない」と喜び、黒船見物にくりだした。

会見場では、酒、吸い物、肴《さかな》、それから一の膳、二の膳が続き、締めくくりの菓子まで、一〇〇種を超える料理が出た。昼食後、ペリーから漢文で書かれたオランダ語訳のついた書簡と条約草案が渡された。その二十三日後の三月三日、「日米和親条約」が調印された。国論を統一しつつ、開国やむなしの決断である。

二十五歳で最年少老中になった正弘は、ペリー来航後、講武所（のち陸軍所）、洋学所（のち開成所）、海軍伝習所を設置させている。しかし三十九歳で病死、幕末を駆け抜けた若き名君だった。

（池田明子）

幕末の人物が名誉市民に選ばれた理由とは？

弘化三年（一八四六）七月、大坂で行われた本因坊秀策《ほんいんぼうしゅうさく》と第十一世井上《いのうえ》因碩《いんせき》（幻庵《げんあん》）の対局は、「耳赤《みみあか》の妙手」と語り継がれた囲碁史に残る名勝負である。

十八歳の秀策と対する因碩は、囲碁四哲といわれた円熟の五十歳前。伝承によれば、長考一番、秀策が打った一手で形勢が一変し、動揺した因碩の両耳が赤くなったという。結局、秀策の三目勝ち（二目勝ち説もある）で勝負は終わった。この妙手を含め、秀策の編み出した布石は、「秀策流」といわれ、明治末から大正期にかけ大いに研究され、今に至っている。

本因坊秀策は文政十二年（一八二九）、広島県御調《みつぎ》郡三浦村外浦（現尾道市因島《いんのしま》）で、桑原輪三《わぞう》（和三）、母カメの次男として誕生し、幼名虎次郎《とらじろう》。

復元された本因坊秀策の生家（尾道市提供）

虎次郎は母から碁を習い、三、四歳のころには碁石がおもちゃがわりだったという。

早くから「神童」といわれ、七歳のとき碁好きの三原城主浅野忠敬《あさのただたか》と対局。忠敬にその天分を認められた虎次郎は、天保八年（一八三七）に江戸の第十二世本因坊丈和《じょうわ》の門に入る。後に丈和は側近に「これまさに百五十年来の碁豪」と虎次郎の出現を大いに喜んだという。

当時、江戸には碁の家元として本因坊、井上、林、安井の四家があり、それぞれがしのぎを削《けず》っていた。丈和の期待は娘と秀策を結婚させたことからもわかる。

その後、嘉永元年（一八四八）、二十歳で第十四世本因坊跡目となり、翌年から御前対局である御城碁《おしろご》に出仕。文久元年（一八六一）、御城碁が中止になるまでの一三年間、一九局負けなしの大記録を達成した。翌二年（一八六二）、コレラのため三十四歳の若さで世を去った。段位は七段のままであったが、後に碁聖とたたえられた。

外浦町の生家跡に「本因坊秀策碑」が建てられ、今でも多くのプロ棋士《きし》や囲碁関係者が訪れている。秀策囲碁記念館とともに、旧因島市の象徴的存在である。

平成九年（一九九七）、旧因島市は全国で初めて囲碁を「市技」に決め、毎年囲碁まつりを開いているほか、十五年（二〇〇三）には名誉市民条例を制定して、秀策を名誉市民の一人に選んだ。江戸末期の人を名誉市民に選ぶのは全国でもきわめて珍しい。尾道市との合併後も継承されている。

（外川邦三）

本因坊秀策囲碁記念館　住所／尾道市因島外浦町121－1　交通／「土生港」バス停より「入川橋」下車、徒歩10分

日本で最初の小学校教科書を著したのは誰？

明治五年（一八七二）、「学制」が発布されて全国に学校が置かれ、子供には就学が義務づけられた。当初、教科書はまだ整備されておらず、用いられたのが民間で出版された啓蒙書や翻訳書であった。

そのうち、「学制」よりも早く明治三年（一八七〇）九月に初編二冊を発行して官許を得たのが『絵入智慧の環《えいりちえのわ》』である。初編上では、まず、ひらがなの単語をいろは順に並べ、絵と漢字をそえて解説する。たとえば「い」は「いぬ（犬）」、「ろ」は「ろ（櫓）」という具合である。続いて数字、父母、方位、天文、四季、月名、十干十二支、農業という子供にとって身近な言葉を絵図と並べる。初編下では片仮名、単語、名詞、形容詞、動詞、副詞などに続いて「わたりもののなよせ」として欧米の輸入品について学ばせようとしている。二編上は世界地図や国旗を、三編上は北海道を含む日本地図や地名を学ぶ。この本は教育史だけでなく、近年では日本語学史や絵本史の側面からも注目されている。これらを出版したのは、山県《やまがた》郡川小田《かわこだ》村（現山県郡北広島町《きたひろしまちょう》）の庄屋岡本家に生まれた古川正雄《ふるかわまさお》（一八三七〜七七）である。

古川正雄は、はじめ医学を志し、広島で漢学を学んだ後、安政三年（一八五六）に大坂・緒方洪庵《おがたこうあん》の適塾に入門した。適塾では蘭学や兵学を修め、同五年に適塾の先輩福沢諭吉《ふくざわゆきち》が江戸へ出る時同行し、福沢の最初の弟子となった。ほかの塾生の指導にも当たり、元治元年（一八六四）ごろまで塾長を務めている。福沢の世話で幕府旗本の養子となり、戊辰戦争では福沢の反対を押し切って榎本武揚《えのもとたけあき》らと行動を共にし、投降後は約一年間の拘束を受けた。『絵入智慧の環』やその続編『ちゑのいとぐち』は赦免《しゃめん》直後の刊行ということになる。海軍兵学寮に出仕した後、太政官正院に移り、明治六年にはウィーン万国博覧会のために渡欧した。明治初年の教育界に果たした功績は大きく、わが国最初の盲学校設立のためにも尽力した。

（西村　晃）

広島が〝吟醸酒発祥の地〟といわれるわけは？

江戸末期、酒造界の頂点に灘《なだ》酒が立った。その最大の理由は、酒造りに最適のミネラル豊富な硬水「宮水《みやみず》」の発見にあった。宮水は西宮の特定の地域からしか出ない。

日本各地はほとんど、正反対の飲んで美味《おい》しい軟水である。日本酒の酒造技術は世界に誇るもので、たとえば「火入《ひい》れ」と称する低温殺菌法はパスツールの発見より三〇〇年先んじており、明治政府のお雇い外国人を驚かせたくらいだ。それでも酒は腐り、酒造技術の問題は山積されていた。

だから明治になって急増した新規参入の酒蔵は、酒造の難しさと相次ぐ増税のため、廃業に追い込まれた。

明治九年（一八七六）、広島県賀茂郡三津《みつ》村（現東広島市安芸津町《あきつちょう》）で創

安芸津町全景と三浦仙三郎像（東広島市安芸津町榊山八幡神社内）

業した三浦仙三郎《みうらせんざぶろう》（一八四七〜一九〇八）も、酒を造っても酒ができずに腐る「腐造《ふぞう》」に苦しんだ。

　三浦は何度か灘へ酒造技術を学びに行き、原因が水質の違いにあることを知った。それ以来、灘の酒造法を学びながらも、広島の水に合った独自の「軟水《なんすい》醸造法《じょうぞうほう》」の開発に意欲を燃やしたのである。

　酒の材料は米と水である。米のデンプンを麹《こうじ》が糖にし、その糖を酵母《こうぼ》がアルコールに変える。宮水は、この酵母の栄養に富んでおり、軟水には少ない。実は米にも酵母の栄養は豊富にあるのだが、米

東広島市安芸津歴史民俗資料館　住所／東広島市安芸津町三津 4398　交通／ JR 安芸津駅より徒歩８分

の栄養がしみでるには時間がかかり、軟水では、その前に酵母が死ぬ。そこで灘に比べ、蒸米を極端に冷やして仕込む「冷掛《ひやが》け」に挑戦した。

明治三十年二月四日から十二日、いつもは温暖な瀬戸内に寒波が襲った。ちょうど仙三郎が試験的冷掛けに挑戦している最中であり、さらに温度が下がれば発酵が止まる。そこを三浦はあきらめず通常の倍の日数をかけ、酒を搾《しぼ》ったところ、マイルドな味わいの芳醇《ほうじゅん》な香りの酒ができた。「低温ゆっくり発酵」の吟醸造りのルーツが誕生した瞬間である。

酒造に不向きな「軟水」と、予想外の気象変化というマイナス要因を、三浦は「百試千改《ひやくしせんかい》」の努力でプラスに転じた。しかも、その技術を公開したのであった。

（池田明子）

広島県人初の首相は「三笠」の艦橋にいた!?

日露戦争で劇的な勝利を収めた「日本海海戦」一〇〇周年が、平成十七年（二〇〇五）である。「三笠艦橋の図」で東郷平八郎《とうごうへいはちろう》司令長官の横にいる参謀長加藤友三郎《かとうともさぶろう》（一八六一〜一九二三）は、のちに広島県人で初めての内閣総理大臣になった。

広島市大手町（現広島市中区）の生家跡に小さな碑があるが、比治山《ひじやま》（現広島市南区）にあった銅像は太平洋戦争時の金属供出により失われたまま、今は台座しか残っていない。その後、加藤友三郎顕彰会により、広島市中央公園にフロックコート姿の銅像が建てられた。

明治三十八年（一九〇五）五月二十七日、日本艦隊は対馬《つしま》沖でロシア艦隊を待ちうけていた。ロシア艦隊との距離が八〇〇〇メートルに接近したとき、

東城鉦太郎画「三笠艦橋の図」。右から５人目が加藤友三郎（記念館「三笠」所蔵）

「三笠」艦橋に立ちつくす東郷は右手を上げ、さっと大きく左に振った。

加藤が「艦長、取舵《とりかじ》いっぱいだ」と声を張り上げた。日本艦隊は無謀とも思える「敵前回頭《てきぜんかいとう》」を次々に行い、横一列になり、縦一列に進むロシア艦隊をはばみ、先頭艦を集中攻撃できた。この丁字《ていじ》（T字）戦法により日本艦隊は世界海戦史上にもまれな完勝をし、日露戦争を勝利に導いたのだ。

この後の加藤は、呉鎮守府《くれちんじゅふ》司令長官、第一艦隊司令長官を歴任し、大正四年（一九一五）に海軍大臣になり、山本権兵衛の在任期間を超える歴代二位の七年十カ月をつとめた。

この間、ワシントン軍縮会議に首席全権として臨んだ。それまで戦艦八隻、装甲巡洋艦《そうこうじゅんようかん》八隻が必要だという八八《はちはち》艦隊案に心血をそそいだ加藤だったからこそ、軍拡の果てしない経費を憂《うれ》えていた。だからワシントン会議の冒頭に「ヒューズの爆弾」と呼ばれた大軍縮案が提示されたとき、まず軍縮会議に敬意を表し、ヒューズ案の精神に賛同した。

しかし、「主力艦は米英対日本の比率を一〇・一〇・六にする」という案は、「一〇対七なら合意」という日本側のもくろみを下回っており、比率論争を重ねたが、合意に至らない。加藤は「七割なら良く、六割はダメという根拠はあるのか」と、感情論派を抑え、実をとり、条件付き六割に決着させた。

帰国後の大正十一年、内閣総理大臣兼海軍大臣に任ぜられたが、翌十二年、首相在任中に病没したのである。

（池田明子）

「日本のウイスキーの父」ってどんな人物？

イギリス以外の国で初めてスコッチスタイルのウイスキーをつくったのは、広島県賀茂郡竹原町（現竹原市）の造り酒屋に生まれ育った竹鶴政孝《たけつるまさたか》（一八九四～一九七九）である。日本で最初のウイスキーであることは言うまでもない。竹鶴の忠海高校の後輩に総理大臣になった池田勇人《いけだはやと》がおり、友情は生涯続いた。

大阪高等工業（現大阪大学）の醸造科に入学した竹鶴は洋酒に興味を抱き、卒業後は摂津酒造へ入社し、まだイミテーションの洋酒づくりに夢中になった。社長に見込まれ、二年後にスコットランドでモルトウイスキーを学ぶために英国のグラスゴー大学に留学し、スコッチ工場での実習もした。この間、リタと出会い、国際結婚し、大正十年（一九二一）に妻を伴い、四年ぶりの

竹鶴政孝の生家、小笹屋酒の資料館（竹鶴酒造／広島県提供）

帰国となった。

　帰国の二年後、浪人中の竹鶴を鳥居信《とりいしん》治郎《じろう》寿屋《ことぶきや》（現サントリー株式会社）社長が本格ウイスキーをつくるために迎えた。まず工場用地を、現在もサントリー工場がある山崎（現大阪府三島《みしま》郡島本《しまもと》町《ちょう》）と定め、機械や設備の発注一切を一人でこなし、稼動にこぎつけた。疑問にぶつかっても相談する人はいない。留学のときの資料やノートにかじりつき、独力で解決した。

　同十三年に工場が竣工したものの、さらなる難関が待っていた。広島から杜氏《とうじ》や蔵人《くらびと》（日本酒造りの技術者）を十数人

小笹屋酒の資料館　住所／竹原市本町３－１０－２９　交通／JR竹原駅より徒歩15分

を呼び、英語の機械名から教え込んだ。ウイスキーづくりは、少なくとも五年間は蒸留した原酒を樽《たる》につめ、熟成を辛抱して待たねばならない。工場をつくる膨大な資金、そして毎年仕込む原酒と、大きな投資ばかりが続く。ようやく昭和四年（一九二九）、国産初の本格ウイスキーを発売することができた。

昭和九年、竹鶴は独力で気長なこの事業に再挑戦しようと、ニッカウヰスキー株式会社の前身を設立し、同十五年にあの斜め格子《ごうし》の刻みが入った角びんの「ニッカウヰスキー」第一号の発売にこぎつけた。今、ニッカに「竹鶴」というウイスキーがあるが、竹鶴の本家では江戸期から「竹鶴」という酒を造り続けている。

（池田明子）

日本人初の五輪金メダリストって

どんな人物？

昭和三年（一九二八）八月二日、第九回オリンピック・アムステルダム大会で織田幹雄《おだみきお》（一九〇五〜九八）は日本で最初の金メダリストになった。

その競技種目の「三段跳び」という名を付けたのも織田である。同二年まで、三段跳びはホップ・ステップ・ジャンプを略したホ・ス・ジャンプと呼ばれていた。ふさわしい日本名を、と相談を受けた織田が各国の名称を調べ、提案したのだ。

それほど日本では未知の分野で、しかも小柄な織田が、なぜオリンピックで優勝できたのだろう？　織田自身は「人一倍の努力」と言うが、命名のエピソードでも分かるように研究心、探究心に裏付けられた努力なのだ。

広島県安芸郡《あき》海田市町《かいたいち》（現安芸郡海田町《かいたちょう》）生まれの織田の少年時代は、やせっぽちだがわんぱく、しかし無類の恥ずかしがり屋だった。

広島一中三年生のとき、十種競技でオリンピックに出場した野口五郎選手の講習会で、走り高跳びをはだしで跳び、一位になった。「小さいのによく跳ぶ。練習すれば日本代表も夢じゃない」と、野口選手から声をかけられたことが転機となった。

アムステルダム・オリンピックでの織田幹雄の跳躍

翌年、新設された「徒歩部」（今でいう陸上部）に入り、壮絶な練習にはげんだ。しかし決して悲壮感はなく、自分の限界に挑戦することを楽しんだという。その結果、恥ずかしがり屋の上がり癖を克服し、「競技は精神なり」という信念に到達した。
アムステルダム大会で、織田は走り高跳びと走り幅跳びにも出場した。その両方に失敗し、「運命に見はなされた」と日記で嘆《なげ》いた。しかし日記を読み返し、気負い過ぎの自分に気付く。

そうして三段跳びでは予選の一回目をゆっくり走って跳んだ。二回目は踏切がぴったり合い、一五メートル二一跳び、三回目はファウル。

決勝はファウル、失敗、ファウルだったが、他の選手も跳べず、決勝最後の選手が跳び終えた瞬間、織田の優勝が決まった。

日の丸の旗が揚がり、君が代が演奏されたとき、織田は国旗を仰ぐこともできないほど涙があふれた。

（池田明子）

双葉山の七〇連勝を阻んだ安芸ノ海の秘策とは？

昭和十四年（一九三九）一月十五日、春場所四日目。日曜日の国技館は、前夜から開場するほどの大入り満員だった。

二年前に開戦した日中戦争の快進撃と無敵の双葉山《ふたばやま》が重なり、相撲人気は最高潮に達していた。この日、双葉山が勝てば七〇連勝が成る。大方の人がそう信じ、一〇〇連勝までいくのでは、ともいわれていた。

ところが前頭三枚目、一勝二敗で挑んだ安芸ノ海《あきのうみ》（一九一四〜七九）が双葉山を倒し、連勝は六九でストップしたのだ。

その瞬間、国技館は興奮の渦となった。「双葉山敗る！」と連呼するアナウンサーの声は聞こえない。ミカンが飛ぶ、座ぶとんが飛ぶ、二階から人間まで飛んだ。

一躍英雄になった安芸ノ海は、国技館からふつう五分で着く出羽の海部屋まで群衆にモミクチャにされ、一時間近くかかり、雪駄《せった》はぬげ、コートはタモトが破れてしまった。部屋で親方に報告し、すぐ故郷（現広島市南区宇品海岸）の母に「オカアサンカチマシタ」と電報を打った。すると、やっと勝

37代横綱・安芸ノ海節男（毎日新聞社提供）

利の実感がわいてきたという。

なぜ安芸ノ海が双葉山を倒すという「世紀の番狂わせ」が起きたのか？

当時、大きな勢力の出羽の海部屋では、双葉山打倒の秘策が練られていた。早稲田大学出身の笠置山《かさぎやま》がデータを分析し、「双葉山のウイークポイントは右足だ、そこを狙え」という作戦を立てたものの、双葉山に一四連敗したが、後輩の安芸ノ海は作戦通り、外掛けで勝った。

安芸ノ海の勝因は、勝負度胸と速攻、そして初顔合わせだったことだろう。顔合わせが確実になったころ、巡行中の稽古場《けいこば》で双葉山に「どうだ一番」と声をかけられ、安芸ノ海はあえて断ったと後年、回顧している。

安芸ノ海節男《せつお》の素晴らしさは、この後にある。小柄で非力だったが、「もう一回勝ち、まぐれで勝ったと言われたくない」と猛練習を重ねた。その後、八回対戦するが、二度と勝てなかった。しかし昭和十七年、横綱に昇進し、努力は結実したのである。


（池田明子）

第 4 章　産業編

西条酒蔵通り（東広島市）

たたら製鉄は環境にやさしい産業だった!?

中国山地はわが国の「鉄のふるさと」である。一〇〇〇年以上にわたって武器、農具、工具、船具などの鉄材料を全国に供給し続け、明治中期まで国産鉄の大半を賄《まかな》った。「富国強兵、殖産興業」の近代化政策のもと、明治三十四年（一九〇一）に官営八幡製鉄所（現新日本製鉄）の洋式高炉が稼働して、たたら製鉄は、その座を追われた。

大正十年代まで島根、広島で細々と操業し、昭和十年代に軍力増産で一時復活したが、敗戦により廃業。昭和五十二年に美術刀剣用の「玉鋼《たまはがね》」を供給するため、島根県仁多《にた》郡横田町《よこたちょう》（現奥出雲町《おくいづもちょう》）に「日刀保《にっとうほ》たたら」が復活し、全国でただ一カ所、今も厳冬期に操業している。

産業としてのたたら製鉄は、大半が明治期に廃業に追い込まれ、長年、た

廿日市市冠山を水源とする太田川

たらに砂鉄や木炭を供給して生きてきた中国山地の人々は収入源を失った。

しかし、砂鉄採取の跡地にできた農地で米を作り、牛を飼い、たたら炭の代わりに家庭用木炭を焼き、養蚕や出稼ぎで収入を補う暮らしに切り替え、昭和三十年代までをしのいだ。

ところが、高度経済成長期に入ると、燃料革命で木炭の需要は減り、牛に代わって耕運機が登場、養蚕もまた化学合成繊維の普及で先細りとなった。

その結果、島根県江津《ごうつ》市に河口をもつ江《ごう》の川《かわ》上流域や広島市に注ぐ太田川源流域など、かつて中国山地の鉄のふるさ

鉄のふるさと公園　132ページ参照

とと呼ばれた地域は昭和三十年代から四十年代前半にかけて、急激な人口の都市流出が起こった。いわゆる「過疎」、そして今に続く「少子高齢化」である。

たたら衰退から百余年。

中国山地に生きる若い人たちは、足元にたたらの歴史があったことすら知らない。宮崎駿の『もののけ姫』に描かれた世界、つまり「たたらは自然破壊の元凶」との解釈をそのまま受け入れる若い世代が増え、「たたらは循環型産業だった」という説明を理解できるのは明治生まれの世代だけとなっている。

（島津邦弘）

情報公開が生んだ「幻の酒」はどんな味？

昭和五十年代、まだ吟醸酒は「幻の酒」と呼ばれていた。平成二年（一九九〇）から清酒の特定名称制度が実施され、吟醸酒ブームが起きた。それまでの吟醸酒はもっぱらコンテスト用に造られ、採算を度外視して米をとことん精白し、杜氏《とうじ》が不眠不休で精魂を傾けて造るのに、市販されない。文字通り、「幻の酒」だった。

全国の酒を一堂に集め、品質を競う第一回醸造協会主催清酒品評会が明治四十年（一九〇七）、東京の滝野川（東京都北区）の醸造試験所で開催された。褒賞式《ほうしょうしき》には阪谷芳郎《さかたによしろう》大蔵大臣が出席し、祝辞を述べた。そのなかで大臣は、灘《なだ》酒圧勝の予想をくつがえした地方酒の健闘をたたえた。このとき、広島酒は県別受賞率全国平均三二・八パーセントのところを、七四・四パーセントの受賞率で完勝した。しかも出品酒二一三八点中、第一位に藤井酒造「龍勢《りゅうせい》」、二位は林酒造「三谷春《みたにはる》」と、広島酒が占めた。

なぜ、こんな快挙が可能になったのか？　それは吟醸酒が広島県で誕生したからだ。三津《みつ》（現東広島市安芸津町《あきつちょう》）の酒造家三浦仙三郎《みうらせんざぶろう》が自ら開発した「吟醸造り」を公開し、酒造技術者の橋《はし》爪陽《づめきよし》とともに指導した。

賀茂鶴酒造醸造場

大正十年（一九二一）の第八回品評会では、優等一位、二位、三位を西条（東広島市）の「賀茂鶴《かもつる》」が独占し、優等三四

賀茂鶴酒造　住所／東広島市西条本町４－31　交通／JR 西条駅より徒歩３分

点中、二一点を広島酒が占めた。

この醸造協会主催の品評会は昭和三十三年（一九五八）に休会となり、現在はない。

しかし同品評会の四年後に始まった醸造試験所（現独立行政法人酒類総合研究所）主催新酒鑑評会は今も続いている。休会になったのは、太平洋戦争末期の昭和二十年と平成七年（一九九五）の二回だけ。平成七年は醸造試験所が東広島市に移転したためである。

広島酒はコンテストの覇者になり、大正・昭和初期、西条は「吟醸の殿堂」として各地から酒造関係者の見学が続いた。呉市の「千福《せんぷく》」は海軍御用《ごよう》達《たし》の酒となり、全国に品質の良さを轟《とどろ》かせた。また、「幻の酒」時代に最初に吟醸酒市販に踏みきったのは「賀茂鶴」であり、竹原市の中尾醸造には「幻《まぼろし》」という酒銘の酒がある。

四代目当主の中尾清磨は、抜群の芳香を放つ「リンゴ酵母」を見つけ育成に成功し、全国新酒品評会で三年連続一位に輝いたのだ。

（池田明子）

備後絣が日本三大絣の一つとなった理由とは?

藍《あい》と木綿《もめん》の白が織りなすさまざまな文様が特色の絣《かすり》は、江戸時代中期ごろから人々の身近な織物として発展してきた。その中で日本三大絣と称されたのが久留米《くるめ》、伊予、それに備後絣である。

なかでも備後絣は、福山市出身の井伏鱒二《いぶせますじ》が『木靴《きぼ》の山』の中で「知らない人があるだろうが、これは世に言う鄙《ひな》にはまれなる乙女《おとめ》の着る紺《こん》絣である」と書いているように、あざやかな柄が特徴である。

備後絣の主産地である福山市新市町《しんいちちょう》を中心とする備後平野南部一帯は、江戸時代初期に三河（愛知県）木綿の産地である刈谷《かりや》から大和《やまと》郡山《こおりやま》に移封となり、さらに備後《びんご》福山藩主に封じられた水野氏が綿作を奨励《しょうれい》したため、早くから綿織物が盛んに行われていた。江戸末期までは白木綿、紺木綿、縞《しま》木綿

備後絣

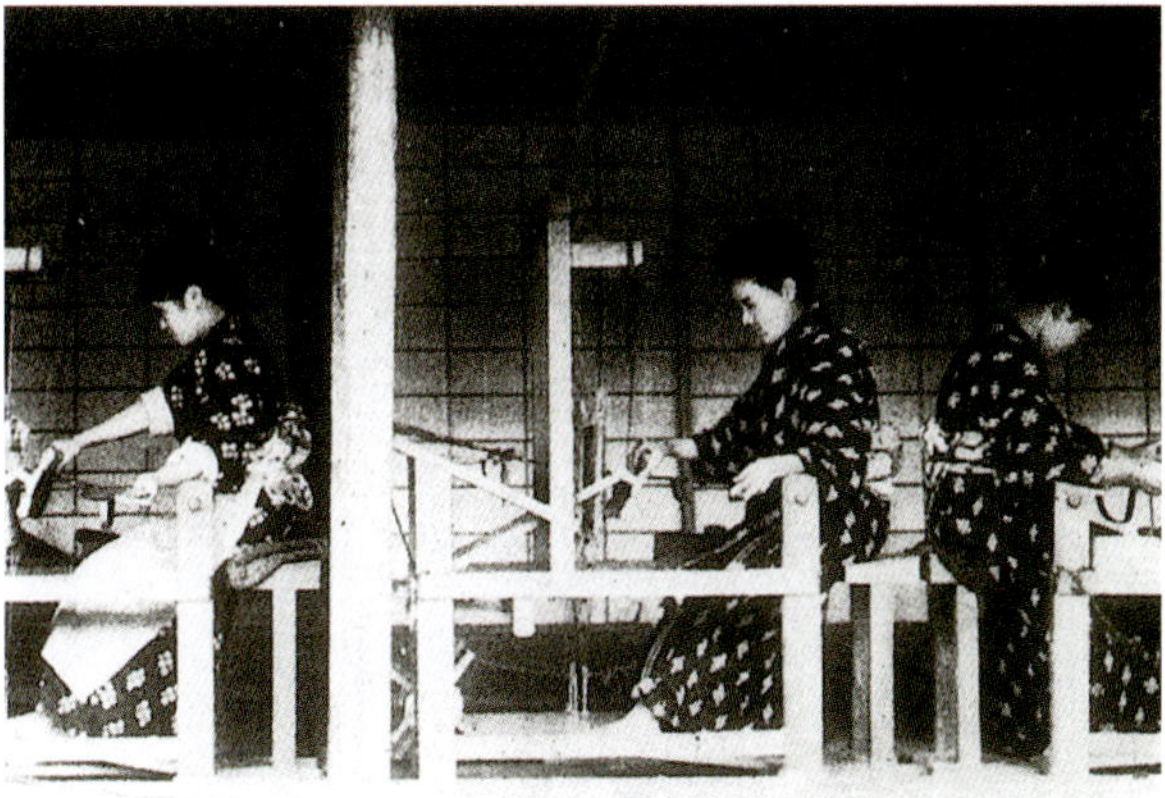

明治時代の高機

などが織られ、鞆《とも》の津（現福山市鞆）などから全国に移出されていた。

それが日本三大絣のひとつに数えられるようになったのは嘉永六年（一八五三）、福山市芦田町の住人富田久三郎が井桁《いげた》模様の絣を織るのに成功し、「文久絣」として販売してからである。久三郎が考案した技法は、経糸《たていと》と緯糸《よこいと》の飛白《ひはく》（かすりじま）の部分を竹の皮で巻き、それを藍染《あいぞ》めにして井桁模様を浮き上がらせる、というものである。

久三郎は、染色にも油紙を使用して絣の模様をあざやかにするなど改良を重ねたほか、文久元年（一八六一）にいち早く輸入の洋綿糸を利用し、絹布のような鮮やかな絣を織ることにも成功した。その素朴な模様と美しさは庶民の心をとらえ、全国に備後絣の名が広まっていったのである。

久留米、伊予、備後の三大絣が明治中期以降、急速に販路を拡大した理由は、他の生産地と異なり、早期に工場化して大量生産体制を確立したことにある。

久三郎も、織機《しょっき》を脚がない旧式の地機《じばた》から踏木《ふみぎ》を踏んで織る高機《たかばた》に代えたほか、織機を農家に貸して賃織りさせるなど経営合理化にも努め、生産量を飛躍的に伸ばした。その後、機械化が一段と進み、昭和初期には年産八二万七〇〇〇反の生産量を誇った。

戦後は、昭和三十五年（一九六〇）の三三〇万反をピークに生活の洋風化、化学繊維の普及などの影響で生産量は激減し、現在はピーク時の二〇分の一程度。産地は藍染めの技術を生かした綿デニムを中心に綿白生地、合織織物が中心になっている。

（外川邦三）

全国一の縫い針づくりは誰が担ってきたの?

広島市は国内の縫い針生産のほぼ一〇〇パーセントを占める全国一の産地である。

その始まりは定かでないが、寛永元年(一六二四)に針元屋初五郎が長崎で技術を習得して広めたという説と、宝永年間(一七〇四~一一)に長崎の木屋治左衛門が広島城下の下級武士に技術を教え、内職として定着したという二説がある。

江戸時代末期の資料によると、縫い針職人の多くは太田川の川舟が発着する広島城の西側(現在の広島市西区と中区西部)に仕事場を構えていた。これは太田川上流の「たたら」で生産された鉄を縫い針用の針金に加工し、川舟で運ばれてきたこととつながる。

縫い針づくりは、明治初期まではすべて手作業で行われ、完成までに五〇以上の工程を経たといわれる。明治中期以後、糸を通す穴あけ、先端をとがらせる工程、研磨などは順次機械化が進み、生産量も飛躍的に伸びた。しかし、高級縫い針づくりでは、針先を硬くしたり、胴に弾力をもたせるなどの焼き入れ、焼き戻しは、依然として旧来の技法が守られている。

高度経済成長期まで、縫い針は家庭の主婦の必需品だった。ところが、安くて丈夫な縫製品が普及し、主婦が縫い物から解放された結果、縫い針の国内需要は落ち込み、輸出依存が強まった。

その輸出も、昭和四十年代後半からは為替相場の変動など不安定要因をかかえ、廃業や転業があいついだ。業界では、ミシン針、待ち針、虫ピンなど産品の多様化を進めたものの、かつてのような活況はみられない。

広島県針工業協同組合によると、昭和六十年（一九八五）に一七社あった業者が、平成十六年（二〇〇四）春には一一社に減っている。内訳は、縫い針四社、待ち針四社、ミシン針、ピン、編み針各一社となっている。（島津邦弘）

広島のカキが日本一といわれるわけは?

広島カキは「良質美味」とされる。殻《から》は小さくても、丸っこい身が詰まっていて、食べると、クリクリと歯ごたえがある。水揚げは、むき身重量で二万六〇〇〇トン、全国生産量の五五・七パーセントを占める(平成十三年農林水産省統計)。日本一は揺るぎない。

そのわけは、広島湾周辺が養殖に理想的な環境だからである。湾に山が迫り、沖合いを島々が仕切る。びょうぶに囲まれたようで、湾内は波静かだ。養殖筏《いかだ》を浮かべるには最適である。水温もカキの生理に合っている。

夏場の上昇が産卵を促《うなが》し、秋場の低下が身入りを促す。身にはグリコーゲンが含まれる。カキが活力源として蓄え、それが食用での、うま味となる。

広島カキ（広島県提供）

カキの養殖筏（広島県提供）

湾には、カキの餌《えさ》となる植物プランクトンが多い。太田川から注ぐ水に、プランクトンの栄養分となる窒素や燐《リン》、シリカ（珪酸塩）がたっぷり含まれているからだ。

天然のカキは、卵から幼生になって海を漂《ただよ》い、岩礁に付着して育つ。養殖では、針金で数珠《じゅず》つなぎにした貝殻に幼生を付着させる。それを浅場の抑制棚《よくせいだな》に吊《つ》るし、潮に漬《つ》かる時間を減らす。カキは生き延びようと、必死でグリコーゲンを蓄える。その習性を付けさせたうえで、貝殻を長い針金に通し替えて連《れん》に仕立て、筏《いかだ》から垂《た》らす。

カキの養殖は「天文年間（一五三二〜五五）、安芸国で発明」とするなど諸説がある。筏から垂らす垂下《すいか》方式は戦後の開発で、これにより水揚げは飛躍的に伸びた。

近年、カキが死んだり、体内に毒を含んだため廃棄される異変が起きている。瀬戸内海区水産研究所や広島県の調べでは、都市廃水が増え、水質や底質が悪化したのが原因である。

窒素や燐ばかりが増え、シリカが減っている。植物プランクトンの中でも善玉の珪藻《けいそう》類は適応しにくい。悪玉の鞭毛藻《べんもうそう》類はヘドロの窒素や燐さえ栄養源として繁殖する。特異な赤潮となってカキを殺し、貝毒ももたらす。

目下、筏の数を減らし、潮通しを良くすることで、筏周辺に特異な赤潮が滞留しないようにしている。貝毒の監視も万全を期している。根本的にはシリカの流入を増やすことだ。

シリカは岩石や腐葉土に含まれる。太田川流域の森を豊かにし、ダムの運用に配慮して流量を安定させることが欠かせない。カキは、地域環境の指標でもある。

（宮坂靖彦）

「広島菜漬」と「カキ」の奇妙な関係とは？

広島カキ養殖の記録は寛永年間（一六二四～四四）にさかのぼる。ただ、広島カキの名が全国に広まったのは、最盛期の大正時代に一五〇隻を数えた「カキ船」の功績とされる。そのカキ船で、カキ料理とともに名声を博したのが、もう一つの冬の味覚「広島菜漬」であった。

カキ船は延宝年間（一六七三～八一）、販路拡大のため晩秋から早春にかけてカキ売り船として瀬戸内海を大坂まで行き来したのが始まり。宝永四年（一七〇七）には大坂で営業特権を得て、販売と同時にカキ料理の提供を始めた。カキ船は徐々に広がり、大正十二年には、東京、大阪を中心に青森から鹿児島まで展開して、広島カキの名が知れ渡った。

一方の広島菜は、慶長二年（一五九七）ころ、観音村（現広島市西区）の住人が、江戸の帰途に立ち寄った京都で種子を手に入れ、栽培したのが始まりとされる。呼称が「広島菜」に統一されたのは昭和初期で、それまでは「京菜」「平茎《ひらぐき》」と呼ばれていた。

広島菜漬は浅漬け（新漬け）と古漬けがあり、古くは全国のカキ船にカキを発送するのに合わせて漬物を送り、ともに広島の冬の味覚として知られるようになった。昭和三十年代まで、大半の広島菜は川内地区（広島市安佐《あさ》南《みなみ》区）で栽培されていたが、宅地化が進んで栽培地が広島県北部から島根県にまで広がった。現在では中国でも委託栽培されている。

カキも広島菜漬も、広島の冬を代表する食べ物となり、お歳暮などの贈答品として高い知名度を誇っている。

そのルーツをたどると、いずれも近世初期に広島湾と太田川河口域に根をおろし、ほぼ四〇〇年の歴史を刻む。カキ船という独特の販売ルートを開いて販路を拡大し、広島に二隻、大阪、呉《くれ》に各一隻を残すだけとなった今もなお、カキと広島菜漬は特産の座を守り続けている。

（島津邦弘）

森林破壊のおかげで「マツタケ王国」？

いまや「山のダイヤモンド」などと呼ばれるようになったマツタケ。

広島県は統計を取り始めた昭和三十年代以後、ほぼ毎年、全国一の生産量を誇り、岡山、兵庫、京都などがこれに続く。最近は中国、モロッコ、カナダ、アメリカなどからの輸入が増えているが、鮮度、香りにおいて国産とは比べものにならない。

シイタケ、ヒラタケ、ナメコなどと違って、マツタケは人工栽培の技術が確立されていないため、収穫量が天候に大きく左右される。にもかかわらず、広島が「マツタケ王国」の名をほしいままにしているのはなぜか。

最大の理由は、森林に占めるアカマツ林の面積が全国一という点にある。

そこで疑問になるのは、広島県はなぜアカマツ林のシェアが高いかだが、これはアカマツ林の成り立ちと深くかかわる。アカマツはやせた乾燥地を好む。中国地方から近畿北西部一帯は風化花崗岩《かこうがん》が分布し、しかも瀬戸内の乾燥気候のため、樹木の伐採をくり返すとアカマツの生育条件が整う。

瀬戸内沿岸では古くから製塩が営まれ、また中国山地でも製鉄が盛んだった。製塩も製鉄も大量の燃料を必要とするため、二〇〜三〇年周期で樹木の伐採がくり返された。

これらの産業が長年続いた結果、アカマツ林が広がり、マツタケの産地となった。つまり、広島マツタケは瀬戸内沿岸の製塩と中国山地の製鉄という過去の二大産業に育てられた。

ところが、この三十年余、マツタケの生産量は減り続けている。その原因は松くい虫被害の拡大によるマツの枯死である。

マツ枯れのまん延は、大気汚染説や植生が移り変わる「遷移」説など、さまざまな見方がある。産地ではマツタケ林の育成なども行われているが、アカマツ林は年々失われている。

（島津邦弘）

戦艦「大和」の遺産はどう生かされているの？

明治十六年（一八八三）二月、鎮守府《ちんじゆふ》候補地選定のため帝国海軍の肝付兼行《きもつきかねゆき》少佐一行を乗せた二隻の調査船が、厳冬の呉《くれ》湾に浮かんだ。船上から海抜七三七メートルの灰《はい》ケ峰《がみね》を背負った呉湾を見た肝付少佐は、即座に「この呉湾を除きて他にはなし」と決断し、上層部に報告したという。その六年後に呉鎮守府が設置され、呉海軍工廠《こうしょう》の前身である造船部も発足した。呉市の海軍、近代船造りの街としての盛衰は、このときから始まるのである。

第二次大戦当時、最大最強といわれた戦艦「大和」を生んだ巨大ドックは、昭和六年（一九三一）に完成。工期九年、建造能力一五万トンを誇る世界最大級のドックである。昭和十二年十一月に起工された「大和」の建造中は、機密保持のためドック全体が大屋根とトタン板で囲まれ、まさに謎のドック

戦艦「大和」10 分の 1 模型（呉市海事歴史科学館所蔵）

であった。昭和十六年十二月に就役した「大和」の排水量は六万九一〇〇トン、全長二六三メートル、全幅《ぜんぷく》三八・九メートル、四六センチ砲九門。水の抵抗を減らす球状船首、戦後の造船で主流になるブロック製造法、電気溶接など最先端技術を結集したものでもあった。

戦後、それらの建艦技術や設備は、播《は》磨《ま》造船所呉船渠《せんきょ》、NBC呉造船部、呉造船所、石川島播磨重工業呉事業所（現IHI）へと引き継がれた。「大和」など主力艦を生んだドックで第一船「ペトロクレ」（三万八〇〇〇重量トン）が進水したのは昭和二十七年春である。当時の

大和ミュージアム（呉市海事歴史科学館）　住所／呉市宝町５－20　交通／JR 呉駅より徒歩５分

新聞は「(「大和」起工以来)十五年ぶりに甦《よみがえ》った工廠ドック」と報じている。当時としては世界最大級のタンカーであった。以後、三十一年にマンモスタンカー「ユニバース・リーダー」(八万五五一五重量トン)、昭和三十三年に初の一〇万トン級タンカーなどを進水させ、巨大船時代の先頭を走る。

昭和四十三年に現在のIHIとなってから四〇万トンドック、八〇万トンドックを建造し、四十九年十二月には当時世界最大の「日精丸」(四八万四三三七重量トン)が進水した。「大和」を建造し、戦後も次々と巨大船を進水させた巨大ドックは、平成四年(一九九二)八月、新工場建設のため埋め立てられ、その使命を終えた。今は当時の骨組み(上屋)が残るだけである。呉市の盛衰を見つめてきた、まさに歴史の証人であった。

呉海軍工廠と戦後の造船産業に支えられてきた呉市は、平成十七年春開館の呉市海事歴史科学館(大和ミュージアム)の目玉として、実物の一〇分の一の「大和」の巨大模型を造船所で〝建造〟した。〝建造費〟は二億円。「大和」の模型では、わが国最大である。

(外川邦三)

宮島のもみじ饅頭誕生の秘話とは？

美味《おい》しい食べ物に出会うのも旅の楽しみの一つである。もみじ饅頭《まんじゅう》は宮島を代表する菓子であるばかりか、広島を代表するみやげ物として知られている。厳島《いつくしま》神社の参道の商店街には、数多くのもみじ饅頭の製造販売店が並んでいる。

そんな店のもみじ饅頭の由来書を読むと、初代総理大臣を務めた伊藤博文《いとうひろぶみ》が紅葉を楽しみに紅葉谷《もみじだに》（廿日市市宮島町）にやって来た時、茶店でうら若い娘のお茶を出す手を見て「紅葉のような可愛い手。焼いて食べたら美味しかろう」と言ったことからヒントを得て、紅葉の形をした饅頭を作るようになったとある。それぞれの店で由来書の表現は多少異なっているものの、大筋は変わっていない。

もみじ饅頭（広島県提供）

　ここに出てくる紅葉谷は、数年前のある新聞社の「見物に行ってみたい紅葉」のベストテンにランクされるくらい、紅葉の美しさが有名な所で、厳島神社裏に流れ出る紅葉谷川の流域一帯が紅葉谷公園として整備されている。
　江戸時代にはもっぱら夏の納涼の場として『芸州厳島図会』（天保十三年／一八四二）に記され、その後、現在もここにある旅館・岩惣の創始者によって紅葉が植え続けられたといわれている。また、山口県出身の伊藤博文はたびたび宮島を訪れ、岩惣を常宿としていたので、こうした話が生まれたのであろう。

宮島伝統産業会館　住所／廿日市市 宮島町 1165－9　交通／宮島桟橋より徒歩1分

もみじ饅頭は、明治中期ごろ菓子の製造・販売を行い、岩惣にも茶菓子を納めていた紅葉谷の高津常吉《たかつつねきち》によって考案された菓子である。

宮島らしい何かいい菓子はないかと考え、紅葉の形から「もみぢまんじゅう」の名で作り始め、明治四十三年（一九一〇）、「紅葉形焼饅頭」として商標登録された。当時は、千畳閣を寄進した豊臣秀吉《とよとみひでよし》にちなむ「太閤の力餅《ちからもち》」を売る茶店もあり、これも宮島の名物として喜ばれていたが、やがて作られなくなった。

もみじ饅頭はその後、熱源は炭火からコークスへ、そしてガスによる機械焼きの導入となり、昭和六十年代からは小豆餡《あずきあん》ばかりでなく、チーズ、チョコレート、クリーム入りの饅頭も売られるようになった。

（岡崎　環）

ソース消費額全国一は
やっぱり広島市!?

全国で一世帯当たりのソース年間消費支出額が、もっとも多い都市（県庁所在地）は、タコ焼きの大阪市でも、もんじゃ焼きの東京都でもない。それはなんと広島市なのだ。

総務省の家計調査では、平成二十～二二年（二〇〇八～一〇）平均年間消費支出額は、広島市が一三五七円で、二位の岡山市を二五二円も上回りダントツ。大阪市は一〇一七円、東京都区部は広島市の五割そこそこの六九一円に過ぎない。全国平均は七八九円。広島市のソース消費支出額が多いのは、広島名物の「お好み焼き」と深い関係がある。

関西の「関西風お好み焼き」に対し、「広島風お好み焼き」がある。熱い鉄板に水で溶かした小麦粉をクレープ状に延ばし、その上にキャベツ、モヤ

広島お好み焼き（広島県提供）

シ、豚肉、うどん、ソバなどを重ねて焼くのが「広島風」。それに対し、小麦粉の中に具を混ぜ合わせて焼くのが「関西風」。広島風の方が少々、手間がかかる。

しかし、焼き上がるまでの間、作り手と食べる側が鉄板をはさんで会話がはずむのも広島風のいいところだ。具にしっかり熱が通ったら、専用ソースをかけ、フウフウ言いながら金属製のヘラで食べるのが広島っ子の食べ方である。

広島風お好み焼きのルーツは、昭和の初期ごろ駄菓子《だがし》屋の店先で売られていた、子供相手の「一銭洋食」というのが通説である。そのころの大人は、子供だ

お好み共和国ひろしま村　住所／広島市中区新天地5－23　交通／JR広島駅より路面電車で「八丁堀」下車、徒歩3分

ましのおやつぐらいに考え、見向きもしなかった。それが大人の食べ物に〝格上げ〟されたのは、戦後間もなくである。

広島市中区の西新天地広場（現アリスガーデン）などの露店が一銭焼きに申し訳程度の豚肉を載せ焼き始めた、という。最盛期には露店は五〇店を超えた。近くに中国一と言われる飲み屋街があったのも、にぎわいに拍車をかけた。以後、いろいろ工夫しながら現在に至る。

広島風お好み焼きに欠かせないのが専用のお好みソース。地元メーカーの「オタフクソース」がコクのあるまろやかな味を開発したのも、お好み焼きが広まった一因でもある。現在、広島市内のお好み焼き店は、広島市の調べではおよそ九〇〇軒。広島市中区の「お好み村」「お好み共和国ひろしま村」のビルには、合わせて三〇店を超す店が集まる観光名所である。（外川邦三）

なぜ広島カープは「県民の球団」といわれるの？

多くの広島カープファンにとって、昭和五十年（一九七五）十月十五日は、生涯忘れられない日である。その年、セ・リーグは、激しい競り合いが続いていたが、投打がかみあった広島は、十月十日に球団初の優勝マジック「3」が点灯。悲願の初優勝は秒読みに入り、十五日に東京の後楽園で巨人を4対0でねじ伏せ、涙のV1を成し遂げた。広島県民が待ちに待った瞬間である。

広島県民が、これほどまでにカープに愛着を持つのには理由がある。二十四年、わが国のプロ野球がセ・パ両リーグに分立された際、戦前から野球熱の高かった広島にもプロ球団設立の声が強まり、東広島市出身の衆議院議員谷川昇《たにがわのぼる》らが中心となって広島カープの前身「広島野球倶楽部《くらぶ》」を設立。時の楠瀬常猪《くすのせつねい》広島県知事も賛同し、広島県議会も「カープ育成強化」を決議する。

2009年完成のマツダスタジアム（広島市民球場）

十二月九日、広島商工会議所に看板を掲げ、資本金二五〇〇万円を幅広く広島県民から募集した。愛称のカープは広島城の別名鯉城《りじょう》からとり、以後、広島県民のふるさと意識を醸成するシンボルとなっていくのである。

しかし、親会社を持たないため財政難が続き、二十六年には選手の給料はおろか、遠征費用にも窮迫し、他球団への身売り、リーグ除名が論議されるほど存続が危うくなる。

それを救ったのが、初代の石本秀一《いしもとしゅういち》監督やファンの熱意だった。球場前などに募金用のタルを置いたタル募金も始まる。その年の七月に発足した後援会員数は一万三〇〇〇人を超えた。ファンが団結し、球団の経営危機を救ったケースは、わが国の野球史上、例がない。

四十二年に経営母体が東洋工業（現マツダ）となり、「広島東洋カープ」と名を変えたが、「われらがカープ」の意識は変わっていない。

五十年の初優勝以来、リーグ優勝六回、日本シリーズ優勝三回を果たした。その苦難と栄光の歴史は、まさに戦後広島の復興の歩みと軌を一にしているのである。

（外川邦三）

MAZDA Zoom-Zoom スタジアム広島　住所／広島市南区南蟹屋2－3－1　交通／JR 広島駅より徒歩 10 分

コラム

パワフルで明るいラテン気質の芸能人

芸能界で活躍する人材は多彩だ。「嫁にしたいNo.1」といわれた東ちづるは因島生まれ（現尾道市）。年月を経ていまや「痴漢に襲われても撃退してくれそうな女性No.1」の称号をもつ。

若手の注目株では綾瀬はるかだろう。デビュー以来、『世界の中心で愛をさけぶ』『おっぱいバレー』『JIN・仁』など話題作に出演、ブルーリボン賞、日本アカデミー賞ほかの賞を独占してしまった。世界的に知られたバレリーナ森下洋子の名もこの芸能ジャンルに名を連ねるだろう。

男性ではいまや日本を代表する俳優のひとり、平幹二郎が広島市生まれ。小学生時代疎開先で原爆の難を逃れた。ほかに俳優では加納竜（広島市）、渋い脇役で知られる神山繁（呉市）らがいる。タレントの分野では小林克己、山口良一、風見しんご、猿岩石などがマルチタレントとしてテレビに舞台に活躍している。元漫才コンビB&Bの島田洋七は漫才ブームに乗って一世を風靡した。広島名産のもみじ饅頭を全国的に知らしめた功労者でもある。

ミュージシャンでは西城秀樹が広島市出身。「ワイルドな17歳」というキャッチフレーズで華々しくデビューしたが、絶唱型といわれる感情を叩きつけるような歌が多くの若者のハートをつかんだ。大聴衆を集めての武道館やスポーツ施設などでコンサートを始めた先駆者のひとりでもある。

絶唱型といえば世良公則（福山市）も似ているが、こちらはもともとロック系ミュージシャン。ロック系がいさぎよしとしなかったテレビへの出演も意に介せず、ファン層をひろげ、歌謡ロックなどと称された。ロックといえば広島県出身にはほかにも大物が多い。まず矢沢永吉だ。吉川晃司もいる、奥田民生も広島だ。いずれも単独で武道館を満杯にできる超実力派ばかり。

以上挙げてみて、広島県出身のミュージシャンの共通項に気づく、「熱いメッセージ」の伝達者ということか。

（小島敬子）

第 5 章　文学編

志賀直哉旧居（おのみち文学公園内）

万葉人の目に映った瀬戸の風景とは？

瀬戸内海は重要な海上交通路として早くから発達した。『万葉集』には、備後《びんご》および安芸《あき》国内で詠《よ》まれた歌が十数首採歌されている。そのうちの数首をみてみよう。

潮の変わり目に位置し、潮待ち、風待ちの船が行き交う港町として栄えた鞆《とも》には都を出てほどなくさしかかる。九州や大陸への長い旅立ちの始まりであり、帰路にあってはなつかしい都まであと少しといった距離の地でもある。天平二年（七三〇）、大宰帥《だざいのそち》の任果てて帰京する大伴旅人《おおとものたびと》は、任地で亡くした妻を思って次のように詠んだ。

吾妹子《わぎもこ》が見し鞆の浦のむろの木は常世《とこよ》にあれど見し人ぞなき　（巻三）

鞆の浦の磯のむろの木見むごとに相見し妹《いも》は忘れらえめやも　（同）

夏から秋（現在では四月から九月にあたる）、瀬戸内海は海水と気温の差が大きくなり、霧が発生しやすい。天平八年（七三六）六月に都を旅立った遣新羅使《けんしらぎし》たちは、穏やかで波静かな瀬戸に浮かぶ小島を見て、思いを歌にした。「備後国水調《みつぎ》の長井の浦に舟泊まりする夜」の歌がある。

あをによし奈良の都に行く人もがも草枕旅行く舟の泊まり告げむに

（巻十五、以下同）

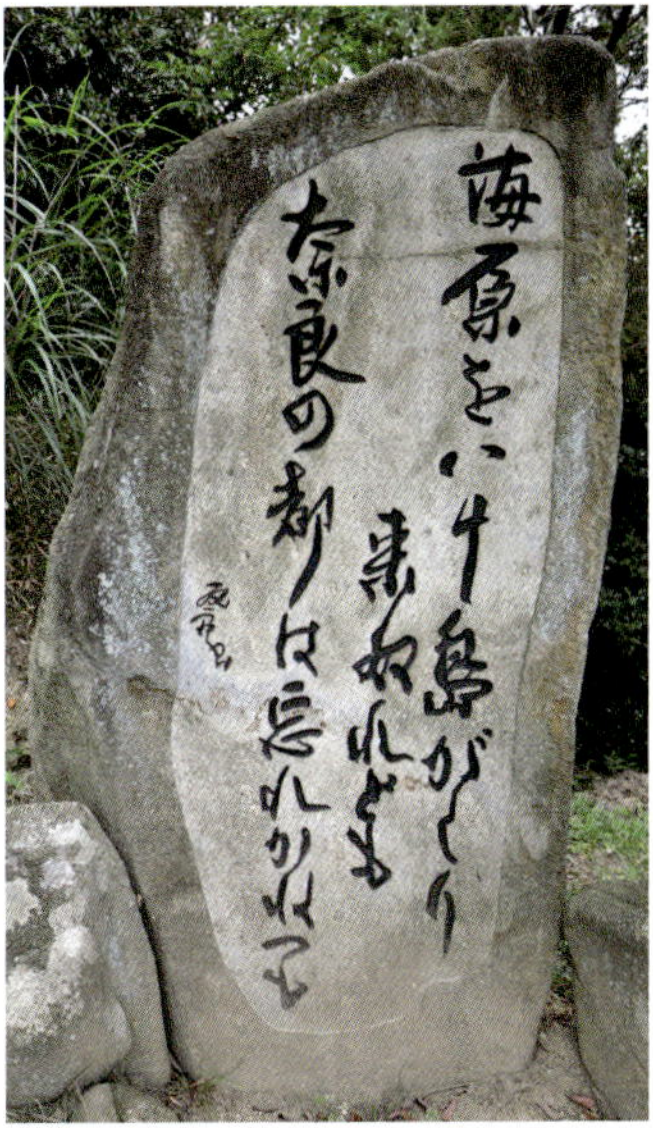

尾道市因島公園、文学の遊歩道に建つ万葉歌碑（尾道市提供）

万葉植物公園　住所／呉市倉橋町宮ノ浦　交通／JR呉駅よりバスで「桂ヶ浜」下車、徒歩5分

海原を八十島《やそしま》隠り来ぬれども奈良の都は忘れかねつも

朝に夕に霧に浮かぶ大和の山並みが思い起こされたのであろうか。「風速《かぜはや》の浦に舟泊まりする夜」の歌には「霧」が詠《よ》み込まれている。

我が故に妹《いも》嘆くらし風速の浦の沖辺に霧たなびけり

沖つ風いたく吹きせば我妹子《わぎもこ》が嘆きの霧に飽かましものを

また瀬戸の夕凪《ゆうなぎ》という語があるように瀬戸内にはぴたりと風が止まる時間帯がある。早くから造船技術が発達していたことと関わりがあろうが、安芸の長門《ながと》の島での停泊の際には、厳しい残暑の中で聞こえてくる蟬時雨《せみしぐれ》から故郷を思い起こした歌が詠まれている。眼前の実景を詠んだ歌とは考えにくい。船出する人々は泊まる港々で目にする風景、耳にする音、肌に感じる風から故郷を思ったのであろう。万葉人の優れた感覚を思わずにはいられない。

長井の浦（糸崎あたりか）や風早《かざはや》の浦（安芸津《あきつ》）、長門の浦（倉橋）にさしかかって詠まれた歌が望郷の思いに満ちているのは、瀬戸内海特有の気象と深い関わりがありそうである。

（西本寮子）

なぜ『平家納経』は美しく装飾されているの?

伊都伎嶋《いつきしま》の名の初見は『日本後紀《にほんこうき》』にまでさかのぼる。九世紀半ば以降、神を祀《まつ》る島として知られるようになり、十二世紀半ばには「いつくしま」という呼称が一般的になったといわれる。

安芸守《あきのかみ》を務めた後、保元・平治の乱を経て一気に勢力を伸ばした平清盛《たいらのきよもり》は、一族の繁栄を願って厳島に参詣した。『山塊記《さんかいき》』に記される最初の参詣から数えて一〇回、二十年の間のことである。その清盛によって、以後長く信仰を集める厳島神社の隆盛の基礎が築かれた。

『平家納経』が奉納されたのは長寛二年(一一六四)九月、清盛が太政大臣《だいじようだいじん》となったのは、その三年後。平氏の全盛期は目前であった。

『平家納経』は三三巻から成る。『法華経《ほけきよう》』二八品に開経、結経にあたる

『平家納経』（厳島神社所蔵）

『無量義経《むりようぎきよう》』と『観普賢経《かんふげんきよう》』を置き、さらに『阿弥陀経《あみだきよう》』『般若心経《はんにやしんぎよう》』と清盛の「願文《がんもん》」を加える。その写経者には平氏一族三二人が名を連ねる。多くの人物が一品ずつ写す、いわゆる一品経である。清盛自身の署名もある。

永承七年（一〇五二）に到来したといわれる末法の世に不安を抱く貴族たちは写経にはげんだ。平安貴族にとって写経は特別な意味があったのである。写経を行った人々の思いを形に表し、競おうとしたものか、経巻には贅《ぜい》を尽くした装飾が施《ほどこ》されるようになる。

『平家納経』も、そうした装飾経作成の

厳島神社宝物館　住所／廿日市市宮島町１－１　交通／／JR 宮島駅・広島電鉄宮島線広電宮島駅より連絡船、下船後徒歩約 10 分

流れの延長線上にある。『平家納経』は明確な目的を持って奉納された。願文には奉納までの事情が記されるが、そこからは一族繁栄の報恩と、功徳を積むことによる成仏や鎮護国家が目的であったことが知られる。武士としてはじめて参議の地位を得、摂関家をはじめとする権門の貴族との婚姻政策をすすめ、やがて頂点をきわめることになる清盛の思いが『平家納経』の見事な装飾に込められていると見てよかろう。

治承四年（一一八〇）には清盛の娘徳子を妻とした高倉院の参詣があり、神宝が奉納されたことも知られる。その際、随行した源通親《みなもとのみちちか》によって書かれたとされる『高倉院厳島御幸記《たかくらいんいつくしまごこうき》』もある。

平氏の繁栄はつかの間の夢のようではあったが、奉納されて永遠に残った『平家納経』は、その繁栄がいかに大きなものであったかをしのばせるに十分である。

（西本寮子）

『とはずがたり』が語る 備後武士の姿とは？

『とはずがたり』の作者、後深草院《ごふかくさいん》二条《にじょう》は、「高倉《たかくら》の先帝も御幸し給ひける跡の白波もゆかしくて」、安芸の厳島の社に詣でた。乾元元年（一三〇二）のこととされる。

父方の曾祖父は『高倉院厳島御幸記』『高倉院昇《たかくらいんしょう》霞記《かき》』の作者として知られる源《みなもとの》通親《みちちか》。旅を思い立ったきっかけは歌人西行《さいぎょう》への強い憧《あこが》れといわれるが、おそらくは先祖の足跡を辿《たど》るという思いもあっただろう。家門へのこだわりの強い女性であったことはよく知られている。

失意のうちに彼の地にあった在原行平《ありわらのゆきひら》や物語の主人公、光源氏《ひかるげんじ》の心中に思いを馳《は》せた須磨《すま》、遊女の生活の一端にふれた鞆《とも》の浦を経てやがて厳島に至り着く行程は、随所に古典の表現を織り交ぜながら綴《つづ》られ、歌詠みの家に生

鞆の浦の弁天島

三次市常清滝の雪景色

まれた二条らしい洗練された紀行文として秀逸である。

そして、九月十三夜前後のわずか数日の厳島滞在の後、二条は再び旅立った。船中で知り合った「和知《わち》」の「よしある女」に誘われて、足摺岬《あしずりみさき》から讃《さぬ》岐《き》松山へと西行を思う旅の帰途、天候の悪化により備後の国の港で逗留《とうりゆう》をやむなくされたのを好機と、メモを頼りにその地を訪ね、ほどなく探りあてる。すでに霜月も末になっていた。

そこで二条が目にしたものは、それまでの、信仰心に支えられた静かな旅とはうってかわって、下向する鎌倉幕府の御家人広沢与三入道《ひろさわよさにゆうどう》をもてなすための準備に奔走する村郡《むらこおり》の人々の営みであった。

女性数人を打ち懲《ちよう》じる主《あるじ》の姿や鷹狩りと称しての殺生はまさに悪業。信仰心に支えられた旅は、ここから一変する。喧噪《けんそう》の中で絹張りの襖《ふすま》に描いた絵の才能を愛《め》でられ、さらなる逗留を勧められる。それが田舎人には見られない雅《みやび》な教養、絵心や和歌の才を持つ二条を便利に召し使おうとの下心であることに気づくことはなかった。

さらに、「都へは、この雪にかなはじ」と、誘われるまま移った「江田《えだ》」には若い女性の姿もあり、それまでの逗留先よりは落ち着くかと思いきや、都への強い憧れが昂《こう》じたものと思われる兄弟のもめごとに巻き込まれ、危機に瀕《ひん》することになる。

あいつぐ災難に見舞われながらも乾元二年（一三〇三）、帰京の途に就くまでの一連の文章は、語り起こしの静かな筆致とは対照的である。

『とはずがたり』に記される地名「和知」「江田」「井田」はいずれも現在の三次《みよし》市の東端、三良坂《みらさか》町や吉舎《きさ》町と境を接する和知氏の勢力圏内である。都への旅立ちをはばむ雪、絵の具を「鞆」まで取りに行かせたと記されることからすると、停泊地は長井あたり、二条が最初に訪ねあてた「よしある女」の居所は、そこから少し内陸に入ったあたりだったかもしれない。

人生の大半を宮中で過ごした貴族の女性が遭遇した思わぬ旅先でのトラブルは、当時の備後武士の生活を実に生き生きと描き出している。（西本寮子）

鈴木三重吉『赤い鳥』創刊のきっかけとは？

芥川龍之介「蜘蛛《くも》の糸」、有島武郎「一房の葡萄《ぶどう》」、新美南吉「ごん狐」、北原白秋の「赤い鳥小鳥」「ゆりかごの唄」、西条八十の「かなりや」、ほかに森鷗外、島崎藤村、小川未明、泉鏡花など多くの賛同者・執筆陣が居並《い》ぶ雑誌『赤い鳥』（大正七年七月～昭和十一年八月。途中、約二年休刊）は、のちに名作と呼ばれる童話・童謡を輩出し、綴《つづ》り方運動の母体ともなって、大正から昭和期にかけての児童文学・文化の隆盛に大きな貢献を行い、今日なおその影響は大きい。

『赤い鳥』の創設者・鈴木三重吉《みえきち》は明治十五年九月二日、広島市猿楽町《さるがくちょう》（現在の中区紙屋町《かみやちょう》）に生まれた。広島一中、三高を経て、東京帝大英文科に入学。神経衰弱のために瀬戸内海の能美島《のうみじま》で静養中に、夏目漱石への敬慕の気

『赤い鳥』創刊号（国立国会図書館所蔵）と鈴木三重吉文学碑

持ちをしたためた友人宛《あ》ての手紙がきっかけで、漱石との文通が始まった。島での見聞を書いた「千鳥」が、漱石の「名作」という推薦の辞とともに『ホトトギス』に掲載され、小説家としての道を歩み始める。

　小説家として世に出た三重吉が、童話童謡雑誌『赤い鳥』を創刊したのは、一つには現実的な問題があった。自費出版した全集の負債を返すため、日本文学の中では「未開の地」であった児童文学に注目して、出版業に手を出すことになったのである。

鈴木三重吉文学碑（平和記念公園内）　住所／広島市中区大手町　交通／JR広島駅より路面電車「原爆ドーム前」下車

もう一つは、従来の日本の児童読物への失望感からであった。三重吉は、大正五年ごろから西洋児童文学の翻訳や再話を行っていた。同年に長女すずが誕生し、娘かわいさに、いろいろと子どもの読物を漁《あさ》って読むと、レベルが低く、下等なのに驚きあきれて、娘に話してやるように童話を書いたのが始まりだと三重吉自身が述べている。もともと、美的なものに憧《あこが》れ、叙情性豊かな彼の資質は、小説よりは児童文学の方に向いていたといえよう。

生活の事情と娘への愛慕の情が三重吉を突き動かして、児童文学史上、不滅の名を残す『赤い鳥』を創刊させることになったのであった。（有元伸子）

井伏鱒二 少年が森鷗外にわび状を出した？

井伏鱒二《いぶせますじ》。本名は井伏満寿二《いぶしますじ》。明治三十一年（一八九八）二月十五日、賀茂村粟根《あわね》（現福山市加茂町）に生まれた。では、どのような少年時代を過ごしたのだろうか。

昭和六年（一九三一）、井伏は、『東京朝日新聞』に「森鷗外氏に詫《わ》びる件」と題する回想を書く。「私が森鷗外氏をだまして、その結果、森鷗外が新聞小説の一回分を余分に書いたことについて話そう」という一文で始まり、当時、『伊沢蘭軒』を連載中だった鷗外に、中学生だった井伏が朽木三助《くちきさんすけ》という偽名を使って手紙を書き、鷗外を騙《だま》したことを詫びるという内容である。

鷗外の『伊沢蘭軒』三〇三章には、たしかに備後の粟根の「朽木三助」から手紙をもらった旨が記されている。井伏は、古老になりすまし、老中阿部正弘の死去の原因は伊沢蘭軒一派の毒殺によるという土地に流布された俗説を記して、鷗外に送ったのである。『伊沢蘭軒』には、三助からの手紙を「筆跡は老人なるが如く、文章に真率なるところがある。それゆえわたくしは直に書を作って答えた」とある。

再現された井伏鱒二の書斎（ふくやま文学館／福山市提供）

井伏にしてみると、思いがけず、鷗外から返書が来た。蘭軒は阿部正弘死去の一八年も前に死んでおり、三助の指摘は虚説にすぎないことが書かれていた。

これに対して、井伏は、朽木三助は鷗外からの前便を入手してすぐに病死したと、今度は実名で書き送る。再び鷗外から「謹んで朽木三助氏の死をいたみ、郷土の篤学者を失ったことを歎《なげ》く」という内容の返事が届いた。

井伏は、エッセイの中で「鷗外氏は私たち二人の悪童に、まんまと一ぱいくわされている」と、愉快そうに書き残している。あの鷗外を、少年時代に「悪戯《いたずら》」でまんまと騙したことは、井伏の生涯を考える上で割愛しがたい挿話だと言えよう。

ただし、近年、猪瀬直樹は、鷗外は、悪童のいたずらに気付いており、だまされたふりをしていただけではないか、との新説を出している（『ピカレスク』）。鷗外が三助の手紙を添削して作品に掲載していることなどから、俗説をいまだ信じている古老がいることを示す絶好のエピソードとして手紙を作中に取り入れたというのである。

はてさて、鷗外と井伏、果たしてどちらが一枚上手だったのだろうか。

（有元伸子）

ふくやま文学館　住所／福山市丸之内１－９－９　交通／JR 福山駅より徒歩８分

志賀直哉は尾道でどのような生活を送ったの？

志賀直哉《しがなおや》（一八八三～一九七一）が尾道に移り住んだのは、父との不和とスランプから脱出するためであった。滞在は大正元年（一九一二）十一月からのおよそ一年間だが、その間に一時帰京や各地への小旅行を行っており、尾道に住んでいた正味の期間は四カ月程度にすぎない。

だが、尾道での生活は、志賀にきわめて大きな影響を与えた。

志賀が借りたのは、『暗夜行路《あんやこうろ》』の主人公・時任謙作《ときとうけんさく》が住んだのと同じ、千光寺の中腹にある三軒長屋の東の端にある六畳と三畳の二間のみの小さな家であった。飲料水は買い、炊事・洗濯などの家事は隣家の主婦に頼んだ。

志賀は、寒さのあまり、昼夜をとわず当時まだ珍しかったガスストーブを使い、ガス会社への支払いが尾道で二番目に多かったという。

また、中村光夫によれば、志賀の家主であった老人は、「お昼はズットお休みになって晩方よりノコノコとお出かけになられるので、近所では何者だろうと当時の事とて相当お噂申し上げ」ていたと話したということだ。「彼には今の子供でも、かみさんでも、此《こ》の婆さんでも、皆いい人間に思へた。かういふ偶々《たまたま》出会つた二三人の印象から直ぐ、さう思ふのは単純すぎる気もしたが、矢張り彼はそれらから此初めての土地に何となくいい感じを持つた」。『暗夜行路』に描かれた尾道の土地と人々への印象である。

尾道海峡をゆったりと見おろす家での、のんびりとした生活の中で、志賀は、父との葛藤《かっとう》を見直して『暗夜行路』の基となる『時任謙作』の執筆を始め、また小品『清兵衛《せいべえ》と瓢簞《ひょうたん》』『児《こ》を盗む話』を書いたのである。

志賀が住んでいた三軒長屋は現在、「おのみち文学の館」として公開され、諸資料が展示されている。

（有元伸子）

おのみち文学の館　住所／尾道市東土堂町８－28　交通／JR尾道駅より徒歩20分

〝放浪者〟林芙美子が尾道を懐かしむわけは？

「人生いたるところ木賃宿《きちんやど》」と言い、自らを「宿命的な放浪者」だと呼ぶ林《はやし》芙美子《ふみこ》。その誕生は、明治三十六年（一九〇三）十二月三十一日だとされるが、五月に生まれたとする説もあり、また出生地も、今日では門司《もじ》（福岡県）説が有力だが、下関《しものせき》（山口県）だと主張する人もおり、両方に生誕碑が建立されている。彼女の前半生は、まだ不明なことが多い。

母・林キクと養父・沢井喜三郎に連れられて、九州各地を行商して回っていた芙美子（本名フミコ）が、一応、広島県尾道市《おのみち》に落ち着くのは大正五年（一九一六）であった。不就学の時期もあったため、数え年十四歳で、土堂《つちどう》小学校の五学年に編入。教師小林正雄に文学の才能を見いだされたことが作家・林芙美子の礎となったことはよく知られている。

林芙美子像（尾道市提供）

さて、芙美子が尾道に来たころのことを自伝的に描いた小品に「風琴《ふうきん》と魚の街」（昭和六年）がある。

つねに腹をすかせている私、木賃宿で懸命に金の工面をする母、風琴（アコーディオン）を鳴らしながら、「オイチニイ」の行商に出て行く父。長雨がつづき、売り上げが落ちて困った父は、インチキ化粧品を売って警察に連行される。——ペーソスただよう名作である。

だが、芙美子の同級生たちは、芙美子の父がオイチニイの薬売りをしていたことや芙美子が他人にウドンを恵んでもらったことなどを否定し、また、当時高価だったバイオリンを

林芙美子像　住所／広島県尾道市東御所町　交通／JR 尾道駅より徒歩３分

芙美子が弾《ひ》いていたことなどを証言している。

作文の上手であった芙美子は、友人に、「作文いうものは、ほんまを書く者はおらんので、みんなええあんばいにいうて、つづまるように書くのがうまいんよ」と話していたともいい、虚構である可能性が高い。

なお、芙美子の命日（六月二十八日）は「あじさい忌」と呼ばれる。

毎年、尾道駅近くの芙美子像には、集まった市民たちによって、彼女が好んだアジサイの花が像を埋めつくすほど捧げられ、今日までつづく芙美子の人気ぶりがうかがわれる。


（有元伸子）

なぜ「三島由紀夫文庫」が広島にあるの？

昭和四十五年（一九七〇）十一月二十五日、三島由紀夫《みしまゆきお》が楯《たて》の会隊員とともに自衛隊市ケ谷駐屯地にて割腹自殺して四十数年になる。新全集が刊行され、三島歌舞伎など演劇公演では劇場が大入りになり、現在も、その人気は衰えていない。

さて、日本国内に、三島由紀夫関係の資料がまとまって保存されている拠点が二つある。一つは、平成十一年（一九九九）に、山梨県南都留郡山中《みなみつるぐんやまなか》湖村《こむら》が三島の遺族から直筆原稿や創作ノート類を購入して開設した「三島由紀夫文学館」。もう一カ所は、広島市の比治山《ひじやま》大学図書館内にある「三島由紀夫文庫」である。

比治山大学の「三島由紀夫文庫」は、平成五年に清水文雄元学長が、自らの所蔵していた約二七〇点の資料を図書館に寄贈して開設された。

優れた古典文学者であった清水は戦前、学習院中等科の教員時代に平岡公《きみ》威《たけ》少年の文学的才能を見いだし、三島由紀夫のペンネームをつけて十六歳で雑誌『文芸文化』にデビューさせた。戦後は広島大学で教鞭をとり、退官後に比治山女子短期大学の学長を務めた清水を、三島は生涯、師とあおぎ、著作が刊行されると清水に献呈し、上京する清水を自宅に招くなど、細やかな交流がつづいた。

15歳の三島由紀夫

清水が比治山大学に寄贈したのは、処女作『花ざかりの森』から遺作『豊饒の海』に至るまでの著者署名入りの三島の著作や、学習院時代の三島作品が収録されている雑誌、清水自身が集めた三島関係の資料など、貴重なものばかりである。

中には、三島が招待した芝居のチケットの半券や、清水が作った三島事件についての新聞記事のスクラップブック（冒頭の記事には、事件の一報を聞くや新幹線で上京する途上、大阪駅で買い求めた新聞だとの注記がなされている）などの資料も含まれ、愛弟子を気づかう清水の気持ちに胸が打たれる。

清水寄贈の翌年には、伝え聞いた三島瑤子《ようこ》夫人が、三島作品の翻訳書や演劇プログラムなど、およそ二八〇点を比治山大学に寄贈した。瑤子夫人は寄贈の翌年の平成七年に、清水元学長も平成十年に亡くなった。比治山大学では、その後も広範に資料収集をつづけており、三島文学研究上、貴重なコレクションとなっている。

（有元伸子）

比治山大学図書館　住所／広島市東区牛田新町４－１－１　交通／JR広島駅よりバスで「牛田新町四丁目」下車、徒歩５分

なぜ尾道は〝映画の街〟と呼ばれるの？

平成十五年（二〇〇三）に生誕一〇〇年を迎え、多彩な記念行事が行われた映画監督の小津安二郎《おづやすじろう》。日本映画界の第一人者として海外でも注目されるようになったのは、昭和二十八年の『東京物語』がロンドン国際映画祭でサザーランド賞を受賞したことが契機だった。あまりにも名高いこの作品は、広島県の尾道《おのみち》に住む笠智衆《りゅうちしゅう》と東山千栄子《ひがしやまちえこ》演ずる老夫婦が、上京して成人した子どもたちを訪ね、尾道に帰って老妻が死ぬまでを描いた物語である。

東京の下町生まれの小津が、『東京物語』の一方の舞台を尾道においたのはなぜだろうか。小津は、第二次大戦中は中国大陸やシンガポールに出征し、そのさなかに志賀直哉の『暗夜行路』に感銘を受けている。独特のローアングルで家族の機微を描く小津の映画手法は、志賀の私小説にも通ずると言え

雨上りの尾道（尾道市提供）

おのみち映画資料館（尾道市提供）

おのみち映画資料館　住所／尾道市久保１－14－10　交通／JR尾道駅よりバスで「長江口」下車、徒歩２分よう。戦後は志賀に私淑したが、その志賀が『暗夜行路』の初稿を書くときに住まい、また作品の舞台にも選んだのが尾道であった。

また小津は、『東京物語』について、日本の家族制度がどう崩壊するかを描いてみたとも述べている。動きの激しい東京に住むことでギスギスして余裕のなくなってしまった子どもたちに対して、老夫婦の住まう街は、ゆったりとした旧《ふる》き良き日本を象徴する地でなくてはならない。

おのみち映画資料館の映写機（尾道市提供）

綿密なロケハンを繰り返して、小津は、寺と坂道が織りなす千光寺山と渡し船が行き交う尾道水道に挟まれた尾道の街に白羽の矢を立てたのだった。

そして、小津の伝統は、次代に継承される。『うず潮』『暗夜行路』『濹東《ぼくとう》綺《き》譚《だん》』が撮影され、広島出身の新藤兼人《しんどうかねと》が、さらに尾道出身の大林宣彦《のぶひこ》が「尾道三部作」「新尾道三部作」を撮って、尾道を映画の重要な舞台に引き上げた。『東京物語』を観《み》た者にとってはもちろん、初めて訪れた者にとっても、どこか懐かしさをおぼえさせる風景が尾道にはある。

そうした映画の伝統、市や市民をあげての映画撮影への協力の積み重ねが、映画の街としての尾道を形成したと言えるだろう。なお、市内の「おのみち映画資料館」が資料の収集を行い、ロケ地マップなどの配布も行っている。ぜひ足を運ばれたい。

（有元伸子）

コラム

広島県を舞台にした映画

■『東京物語』（尾道）　映画史にのこる小津安二郎監督の名作だ。尾道で暮らす老夫婦が東京の長男や長女、戦死した二男の嫁を訪ねる小旅行を終え、また尾道へ帰ってくるというお話である。ただ普段意識しない家族の絆がカラカラと空転していく、哀しい心の機微を小津は巧妙に描く。「やっぱり我が家が一番」という老夫婦の吐息のような感慨が実感として胸にせまる。

■『故郷』（倉橋島）　寅さんシリーズで有名な山田洋次映画監督の作品。主人公は呉市の対岸にある倉橋島で、ボロボロの船での砂利運搬業者。船の修理費も捻出《ねんしゅつ》できない暮らしのなかで、故郷を捨てる。寅さんシリーズでもおなじみの人生の哀歓がみごとに描かれている。

■『黒い雨』、『はだしのゲン』（広島市）　広島を語るなら、避けては通れない原爆の物語。前者は井伏鱒二の原作を今村昌平が監督。原爆症にかかった主人公の「身体の中でまだ戦争は続いています」は有名。後者は劇画の原作から山田典吾が映画化した。「ゲン」の名は世界中の子供に知られている。

■『転校生』『時をかける少女』『さびしんぼ』（尾道）　尾道出身でもある大林宣彦監督が故郷を舞台に手がけた作品。「尾道三部作」といわれている。いずれも中学生、高校生を主人公にした青春物語。

■『二十四時間の情事』（広島）　日仏合作映画、世界的な巨匠アラン・レネの映画第一作。戦争で深い心の傷をおった男女のつかのまの愛に戦争の影が重なる。カンヌ国際映画賞、ニューヨーク映画批評家協会賞など受賞。

■『仁義なき戦い』（広島）　義理と人情の世界を描いたヤクザ路線が、ある日突然、現代の広島を描いた、乾いたタッチの暴力団闘争劇にかわった。怒号が飛び交い、拳銃が乱射された。描かれたのはまさに仁義なき戦いだった。深作欣二監督がヤクザの世界を美化することなく描いたが、このシリーズは東映のドル箱路線となった。

（小島敬子）

第 6 章　地 理 ・自 然 編

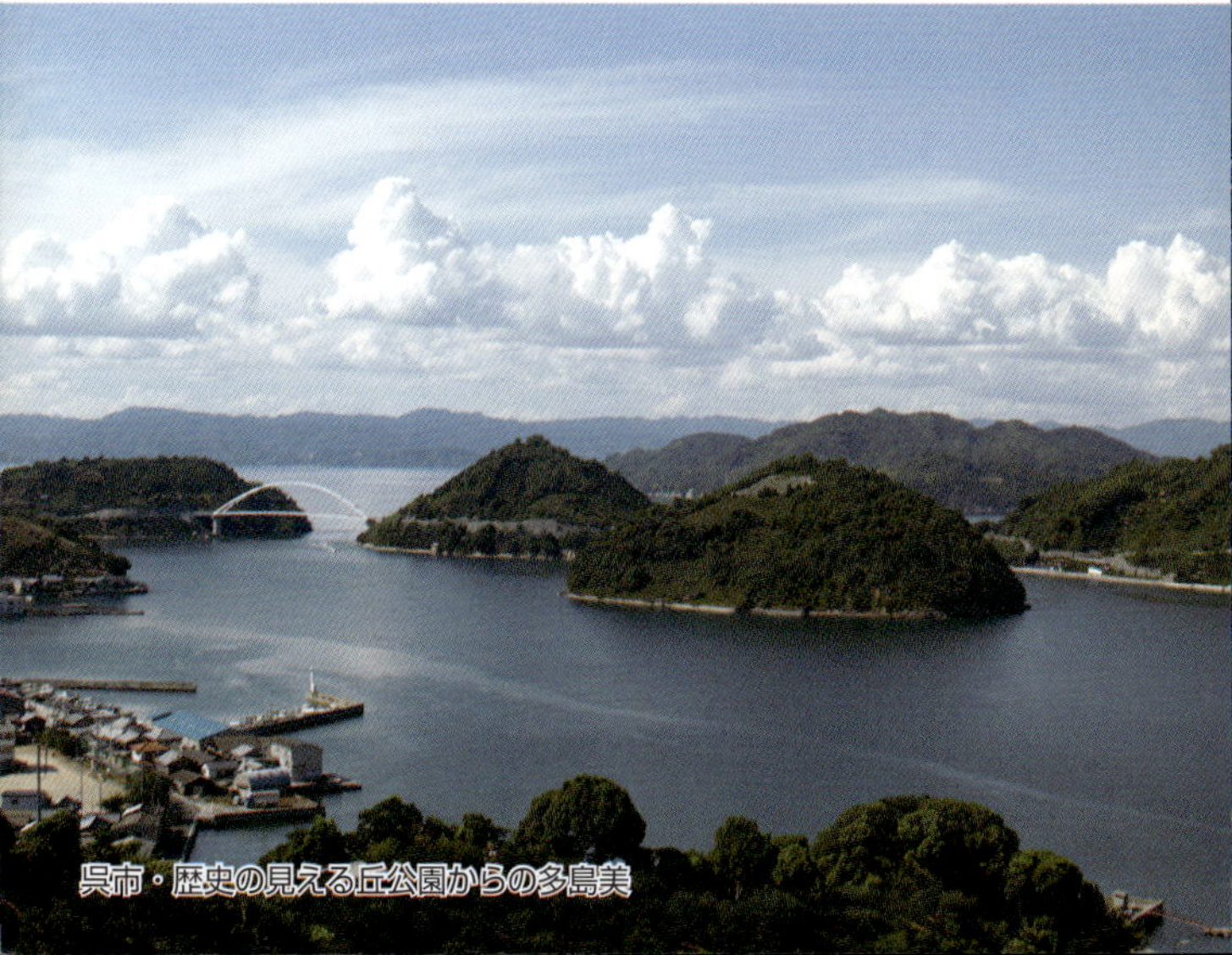

呉市・歴史の見える丘公園からの多島美

宮島が「日本三景」の一つに選ばれたわけは？

松島《まつしま》・天橋立《あまのはしだて》・厳島《いつくしま》を並べてその風景を記したものに、寛永二十年（一六四三）刊行の『日本国事跡考』がある。これは林鵞峰《はやしがほう》によって編集されたもので、「三処の奇観」として挙げられている。「日本三景」は、貝原益軒《かいばらえきけん》の貞享二年（一六八五）『東路記《あずまじのき》』に見られ、十七世紀の後半から知られるようになった。

こうした風景を並べて表現するものは、中国宋《そう》代の江南の風景を題材にした「瀟湘八景《しょうしょうはっけい》」がよく知られている。瀟湘八景がわが国へ伝えられると、京都を中心に禅僧・公家・上級武家の教養として受け入れられ、十五世紀後半からは琵琶湖周辺の景色が漢詩に詠《よ》まれるようになり、十七世紀には、現在知られている「近江八景《おうみはっけい》」ができあがったとされている。

宮島の景観（広島県提供）

八景は、それぞれの地名に風景を見る季節・時間や景物を記し、気象や動植物の季節による変化、そして人々の暮らしを絵画的に表現し、情緒・風情を強調したものである。

一方、日本三景に取り上げられているものは、八景が湖の景色であるのに対していずれも海の景色である。海辺に展開される砂浜や島々の形、そこに自生している松の濃い緑が題材とされ、景色の中に神仏を祀《まつ》る堂社が大きな要素となっている。

数千年におよび、絶えることなく打ち寄せる波によってできあがった地形。松

厳島神社　43 ページ参照

は、季節の移り変わりにも常に緑の葉を落とすことなく、不変を象徴する樹木である。

点景の中に時の変化を感じとる八景の風景観に比べると、広大な造形の中に自然や人間の営みの永遠を感じとるものとなっている。

松島や天橋立の自然景観は人間業《にんげんわざ》でできるものではなく、日々干満をくり返す海中に、平安時代そのままの姿で建っている厳島の壮大な海上社殿は人工の建造物とは思えないものと映っていた。

日本三景は、中世までとは異なる風景観を提示し、旅が人々の楽しみになるにつれ、新たな憧《あこが》れの場所となり、現在も訪れる人たちに永遠を伝え続けている。


（岡崎　環）

宮島のシカは〝神からの使者〟？

奈良公園のシカたちは春日大社の社記に記載されている由緒ある「神鹿《しんろく》」である。宮島のシカはと探してみたが、シカにまつわる故事はいろいろあるが、「神鹿」として位置づけている書き物が見あたらない。

それでは単なる野生のシカなのかというと、そうでもない。西行《さいぎょう》法師が宮島を訪れ、『撰集抄』に寿永二年（一一八三）「所に鹿を狩らざれば、み山には鹿なき、……」と書き残している。それから三〇〇年後、山犬（野犬だろう）がシカを殺すので山犬狩りの伺いを立てている（厳島野坂文書四八）。

延宝九年（一六八一）に、シカの肉を食べると七五日間、島外の忌屋《いみや》に籠《こ》もらされ、島に戻ることが許されない服忌令《ぶっきれい》が出されていた。また、子供たちには、シカの首に縄をつけて遊ばないよう、指導している。シカたちは他

宮島のシカ（広島県提供）

の動物に比べて特別扱いされていたようである。

このころは、さほど人慣れしていなかったようで、元禄十五年（一七〇二）に出版された旅行ガイドブック『厳島道芝《いつくしまみちしば》記《き》』に描かれたシカたちは、おそるおそる人に近づいている。

ところが、百数十年後の嘉永四年（一八五一）、十方舎一丸《じっぽうしゃいっがん》の『滑稽道中宮島美也毛』では色と酒に目を奪われた太九郎兵衛が「寝ている鹿に蹴爪《けつま》づきてまっ逆さまにどさり、鹿もびっくりして起上がり、いちもくさんに逃げていく」。すっかり野性味を失ってしまっている。

宮島　住所／廿日市市宮島町　交通／JR宮島口駅・路面電車「広島宮島口」よりフェリーで宮島桟橋へ

それから数百年かけて大事にされ、人馴《ひとな》れしていったシカたちは、明治になって服忌令が解かれ、皮の利用などのための捕獲が始まった。

明治三十六年（一九〇三）になって島民から、おそらく初めて「神鹿」を頭に据《す》えて保護願が広島県知事に出された。しかし、捕獲は続き、数百頭いたシカたちも、大正元年の芸備日々新聞《げいびにちにち》は二〇頭にまで減ったと報じている。

その後も、シカの保護は訴え続けられたが、捕獲は抑えられなかったようである。そして、再び宮島の町中にシカがたむろするようになったのは半世紀後のことであった。

（林　勝治）

日本一大きいオオサンショウウオがいた!?

国の特別天然記念物オオサンショウウオは、中国山地を中心に岐阜県から大分県までの地域の山間部のきれいな川に生息している。江戸末期にシーボルトによって紹介されて以来、日本のオオサンショウウオは「生きた化石」「世界最大の両生類」として世界に知られる生きものになった。

では、オオサンショウウオは、どれくらい大きくなるのであろうか。過去の文献によると、全長一六〇センチメートルの記述も見られるが、正確に確認できない。標本があるなど科学的裏付けがある記録として日本一と考えられるオオサンショウウオの標本が広島市安佐《あさ》動物公園の動物科学館に展示されている。

このオオサンショウウオは平成五年（一九九三）に広島県高田《たかた》郡高宮町《たかみやちょう》

オオサンショウウオ（国立科学博物館）

（現安芸高田市）を流れる江《ごう》の川《かわ》の支流の田草川で護岸工事の時に保護され、高宮町のエコミュージアム川根《かわね》で飼育されていたもので、平成十四年七月十四日に天寿を終えた。

その時、安佐動物公園の計測で、全長一五〇・五センチメートル、体重二七・六キログラムの雄であり、これまで最大と目されていた岡山県真庭《まにわ》市湯原町《ゆばらちょう》の飼育個体「マーちゃん」（平成五年死亡、一四八・〇センチメートル、標本現存）を抜いて、日本一と確認された。

野生のオオサンショウウオで一三〇センチメートルを超えるものはきわめ

広島市安佐動物公園　住所／広島市安佐北区安佐町動物園　交通／JR広島駅よりバスで「安佐動物公園駅」下車

てまれである。筆者の知る限りでは、平成十一年に岡山県高梁《たかはし》市の高梁川の支流で死骸で発見されたオオサンショウウオが一四二・五センチメートルで最大であった（標本現存）。その他には平成十四年に広島市佐伯《さえき》区湯来《ゆき》町《ちょう》の水内《みのち》川で発見された個体が一三〇・〇センチメートル（計測、内藤）、安佐動物公園が三十三年間にわたる調査の中で確認した最大個体は一二七・〇センチメートルであった。

全長一五〇・五センチメートルの安芸高田市高宮町のオオサンショウウオは、現在確認できる範囲において日本一大きいオオサンショウウオである。一三〇センチメートルを超えることが難しい自然の川の中で、ここまでに成長したこのオオサンショウウオは、いったい何年生きていたのであろうか。

筆者は百歳はとっくに越えていると思うが、年齢を知る方法もなく、謎のままである。日本一、高宮町のオオサンショウウオは、地元の川根小学校の子どもたちによって「夢ちゃん（ムーちゃん）」という名前がつけられた。

（桑原一司）

国会議事堂は「メイド イン 広島」だって？

日本の政治の中心地の一つに国会議事堂がある。昭和十一年（一九三六）に造られた壮大な石造りの建築で、日本を象徴する建物でもある。首都への修学旅行でも、必ず見学する対象であり、テレビ番組でもよく映されており、日本で最も馴染《なじ》みのある建物の一つであろう。

この国会議事堂に使用された岩石は、呉《くれ》市沖の瀬戸内海に浮かぶ広島県倉《くら》橋島《はしじま》納産《おさめ》の花崗岩《かこうがん》である。そのことにちなみ、国会議事堂に使われた石材は、〝議院石〟と呼ばれている。議院石は現在でも、呉石材（合資会社）によって採掘され、壁材をはじめとする石材製品が製造・出荷されている。なお、石材として花崗岩は〝ミカゲ（御影）石〟と呼ぶことが通常で、その由来は花崗岩石材の山地として有名であった神戸市六甲山麓にある地名である。

国会議事堂

広島県地方の花崗岩は、主に灰色に見える石英、白色の斜長石およびピンク色のカリ長石からなり、それらの粒のサイズがそれぞれ数ミリ程度の花崗閃緑岩《せんりょくがん》〜花崗岩が主体で、全体的にみて、白〜ピンク色（さくら色）の色調をもつ岩石である。

これらの鉱物の含有比率（正確にはモード比という）はおおむねで同じである。一見して黒ゴマのような黒雲母が目立つが、実際の含有比率は五パーセントに満たない。これらの特徴をもつ花崗岩は、主な分布地域にちなんで〝広島花崗岩〟と呼ばれており、まさに広島県を代表す

倉橋歴史民俗資料館　住所／呉市倉橋町 443　交通／ JR 呉駅よりバスで「桂ヶ浜」下車、徒歩５分

る岩石といえよう。議院石では、石英、斜長石、カリ長石および黒色の黒雲母の織りなす色彩バランスが絶妙で、あたかも、さくら吹雪が舞っているような美しい岩石である。

倉橋島に限らず、瀬戸内海には、香川県の北木島、山口県周南市黒髪島など有名な石材産地がある島が数多くある。倉橋島でも石材を採掘している石切り場が島内の随所に点在している。広島県地方の花崗岩は、どこでも風化が進んでいることが普通であるが、これらの石切り場で採掘されている新鮮かつ硬い花崗岩は、風化から逃れた巨大なコアストーンとみなされよう。

我が国ではビルの床や壁などに貼《は》り付ける石版や墓石用として石材の需要は高いが、最近では輸入石材が多く使われるようになったと聞く。瀬戸内海の島々の産物として、海産物、ミカンがすぐに思い浮かぶが、石材も古くから重要な産物であったことは記憶に留《とど》めておきたい。

（林　武広）

三次盆地には動物はいないっていわれている!?

中国地方には野生のニホンザルが密集して分布しているかなり広い地域がある。西は山口県西端の下関市豊北町《ほうほくちょう》から岩国市周辺、広島市安佐北区《あさきた》を経て北上し、島根県の邑智郡《おおち》にいたる幅四〇から五〇キロのベルト地帯である。しかし、このベルトはところどころ抜けているところがある。

その一つが三次《みよし》盆地である。サルの生息地帯は三次盆地の手前で途切れてしまう。そして、島根県の邑智郡に再び分布が広がっている。

広島県内で野生のニホンジカは三カ所、生存が確認できている。その一つが広島市の北側から安芸高田市吉田町《よしだちょう》にかけての地域である。

この地域は十五年ほど前からシカの生息地域が拡大している。広島市では分布地域が南下している一方、北に向けては江《ごう》の川《かわ》の河川敷を生息地としながら広がっている。しかし、三次盆地の手前で分布は途切れてしまう。

三次盆地に、これらの動物たちが生息していないのは、そこが住むのに適していないからなのだろうか。

脚の細いシカにとって積雪地帯は住みにくいところであるが、三次盆地の積雪量は周辺の地帯に比べて特別に多い地域ではない。森林もシカやサルたちが生息するのに不都合なところではない。むしろ、シカにとって平坦な盆地は河川に大好きな草地があり、住みよいところである。

動物たちが、この盆地に生息しなくなったのは、千葉徳爾が阿蘇地帯にシカが生息していない原因として推測しているように、住民たちとの争いの末に追い出されたのではないだろうか（一九九八年『地理』「日本人とシカのかかわり」）。地元の人にさえも忘れ去られているようだが、三次盆地の周辺の山裾と畑の間に幅数十メートルの草地が獣よけとして今も維持されている。他にも石垣を築くなど、獣を寄せつけない工夫が各所にできているはずである。

（林　勝治）

「広島」とはどの範囲のことを指すのだろう？

「広島」とは、どの範囲のことを指すのだろうか。本書も「広島県」と銘打っているのだが、広島県の県域が確定したのは明治以降だから、それ以前のことに言及するならば、あくまでも便宜的なことにならざるを得ない。

明治四年（一八七一）七月十四日の廃藩置県時、広島には、広島県、中津県、倉敷県、福山県があった。同年十一月十五日には、広島県と深津県（後に小田県と改称）に整理され、明治八年に備後《びんご》六郡の岡山県編入を経て、明治九年の県域確定となる。

歴史的にみると、その後、明治三十六年（一九〇三）には府県廃置法律案が準備され（結局は未提出）、「交通機関ノ発達セル」「状況ニ応シ其廃合ヲ行フハ」「行政整理上必要」として、備後全域を岡山県に譲《ゆず》る代わりに周防《すおう》と長門《ながと》（豊浦郡を除く）とを加え、県域を全体として西に移動させ、県庁所在地の広島市を中心とする県域に変更しようとする動きもあった。言い換えれば、県庁を中心として「客観的に」（科学的に）県域を設定しようとしたのであった。

果たして「客観的な」境界設定は可能なのであろうか。例えば、広島県の水系をみてみると、江の川水系、太田川水系、芦田川水系、沼田川水系となっており、最大の流域面積を持つ江の川は、ご存じのとおり、日本海へと流れている。また、備北東部をみると、高梁《たかはし》川流域ということになる。流域を単位とするとしても、いろいろと問題がありそうだ。

現在、広島県では「地域の客観的な結び付き」などを「総合的に勘案して」、都市圏拡大型、中心都市拡大型、内陸拠点形成型、生活圏一体型という、四つの合併類型が示されている。「客観的な」基準がないとすれば、どのように「分けたり」「まとまったり」すればいいのだろうか。（木本浩一）

広島県の特徴ある「三つの森林地帯」とは？

広島県は山ばかりである。広島市をみても、これほど山の多い政令指定都市は他にはない。山には木があるとは、しごく当然のことのように思える。しかし、その森林を守るためには、「切らない」守り方と「切る」守り方とがある。

西中国山地に広がる広葉樹林は、「ブナ帯文化」といわれる豊かな文化を長らく育《はぐく》んできた森林であり、現在では森林浴や水源の森として「切らない」守り方が求められている。

一方、戦後広く行われた造林事業によって形成された森林がある。育成林と呼ばれるこれらの森林は、今が「旬《しゅん》」になっており、「切」らなければ山が荒廃してしまうのである。

育成林といっても、広島県には、特徴ある三つの森林地帯がある。太田川流域に広がる「スギ」、備北の「ヒノキ」、県央地域の「マツ」である。

広島県の「マツ」は古くから有名で、長らく信頼できる建材として利用されてきた。「マツ」はあまり手がかからない（かけない）が、「スギ」「ヒノキ」は「育てる」という言葉があてはまる。

県西部の「スギ」は、戦後まもなく荒廃した山々に、被爆地広島の復興用建材にと生育の早さを見込んで植林された。

また、備北の「ヒノキ」は真の赤っぽさが好まれ、瀬戸内沿岸の住宅用建材として利用されてきた歴史がある。

なぜ三色か？　すでに述べたように、二つの森林があるが、これらを自然林、人工林とに分けるのは正しくない。広葉樹林はともかくとして、「スギ」「ヒノキ」「マツ」は、自然環境との対話の中で育成されてきた。東西の差は積雪量や土壌などとの関連でできたものであって、そこには適地適材を見きわめた先人の知恵が反映されている。

（木本浩一）

比和町自然科学博物館　住所／庄原市比和町比和　交通／JR 備後庄原駅よりバスで「比和停留所」下車、徒歩５分

広島県市町村地図

鳥取県
岡山県
庄原市
三次市
神石高原町
世羅町
府中市
福山市
尾道市
三原市
竹原市
大崎上島町
愛媛県

島根県
安芸高田市
北広島町
安芸太田町
安佐北区
広島市
東広島市
佐伯区
安佐南区
東区
安芸区
西区
府中町
廿日市市
中区
海田町
南区
熊野町
坂町
大竹市
呉市
江田島市
山口県

ピオーネ
三次市
ワニ料理
三次市
島根県
岡山県
広島県
祇園坊柿／広島菜
安佐南区
美酒鍋
西条
山ふぐ
湯来町
タコ料理
三原
小イワシ
広島
水軍鍋
因島
海軍グルメ
呉
姫ひじき
下蒲刈島
大崎上島
大三島
伯方島
上蒲刈島
豊島
大長みかん
大崎下島
大島
アナゴ・カキ料理
宮島
生ちりめん
倉橋島
愛媛県

水軍鍋

広島県 地元食材＆郷土料理マップ

①山ふぐ〈広島市佐伯区湯来町〉
フグのように刺身蒟蒻《こんにやく》を薄く切り盛りつけた料理
②アナゴ・カキ料理〈廿日市市宮島町〉
宮島の定番、あなご飯と様々なカキの料理
③祇園坊柿《ぎおんぼうかき》・広島菜〈広島市安佐南区〉
種がなく上品な甘さの柿と日本三大菜のひとつ
④小イワシ料理〈広島市〉
鮮度が抜群によく、刺身でも天ぷらでも
⑤海軍グルメ〈呉市〉
海軍兵士が船上で食べていた料理をそのまま再現
⑥生ちりめん〈倉橋島（呉市）〉
やさしい磯の香りがただようちりめんじゃこ
⑦美酒鍋〈東広島市西条町〉
日本酒・胡椒・塩の加減が絶妙の鍋料理
⑧姫ひじき〈下蒲刈島（呉市）〉
新鮮なひじきの新芽を使って煮詰めた手作りの塩
⑨大長《おおちよう》みかん〈大崎下島（呉市）〉
見事な段々畑で栽培され、コクのある甘みが人気
⑩たこ料理〈三原市〉
新鮮なたこがたこシャブなど様々な料理で味わえる
⑪水軍鍋〈因島（尾道市）〉
村上水軍が必勝祈願に食べた海藻・魚介中心の鍋
⑫ワニ料理〈三次市〉
一年を通じて楽しめる鮫（＝ワニ）の料理
⑬ピオーネ〈三次市〉
「黒い真珠」の異名がある最高級のブドウ

著者一覧

松井輝昭（まつい・てるあき）
1948年生まれ。県立広島大学人間文化学部教授

池田明子（いけだ・あきこ）
ノンフィクション作家、ひろ銀経済研究所理事、中国建設弘済会理事、テレビ新広島番組審議会委員

有元伸子（ありもと・のぶこ）
1960年生まれ。広島大学文学研究科教授

安藤福平（あんどう・ふくへい）
1948年生まれ。広島県立文書館副館長

伊藤　実（いとう・みのる）
1957年生まれ。広島県教育事業団埋蔵文化財調査室勤務

岡崎　環（おかざき・たまき）
1948年生まれ。広島民俗学会理事

落合　功（おちあい・いさお）
1966年生まれ。広島修道大学教授

木本浩一（きもと・こういち）
1965年生まれ。広島女学院大学准教授

桑原一司（くばわら・かずし）
1949年生まれ。広島市安佐動物園副園長

小島敬子（こじま・けいこ）
フリーライター・エディター

兒玉正昭（こだま・まさあき）
1934年生まれ。前鈴峯女子短期大学長

島津邦弘（しまづ・くにひろ）
1941年生まれ。元中国新聞記者

菅波哲郎（すがなみ・てつろう）
1948年生まれ。東洋大学文学部卒業

鈴木康之（すずき・やすゆき）
1959年生まれ。広島県立歴史博物館主任学芸員

外川邦三（とがわ・くにぞう）
1941年生まれ。フリージャーナリスト

西村　晃（にしむら・あきら）
1958年生まれ。広島県立文書館主任研究員

西本寮子（にしもと・りょうこ）
1959年生まれ。県立広島大学人間文化学部教授

林　勝治（はやし・かつじ）
1939年生まれ。前財団法人日本モンキーセンター専任研究員

林　武広（はやし・たけひろ）
1951年生まれ。広島大学大学院教授

藤井　昭（ふじい・あきら）
1934年生まれ。広島女学院大学名誉教授

増田　実（ますだ・みのる）
1969年生まれ。広島舟入商業高等専修学校教諭

宮坂靖彦（みやさか・やすひこ）
1940年生まれ。元中国新聞論絶委員

本書は、『広島県の不思議事典』（新人物往来社、二〇〇四年）を
改題し、新編集したものです。

新人物文庫

広島県 謎解き散歩

2011年8月10日　第1刷発行

編著者　松井輝昭・池田明子

発行者　杉本　惇

発行所　株式会社　新人物往来社
〒102-0083
東京都千代田区麹町 3-2　相互麹町第一ビル
電話　営業　03(3221)6031　振替　00130-4-718083
編集　03(3221)6032
URL　http://www.jinbutsu.jp

乱丁・落丁本は、お取替え致します。　ISBN 978-4-404-04053-4 C0125

DTP／キャップス　印刷・製本／中央精版印刷　Printed in Japan